KB040519

징비록

돋을새김 푸른책장 시리즈 **014**

징비록(개정 2판)

초판 발행   2004년 3월 15일
개정 2판 1쇄 2024년 1월 05일

지은이 | 서애 유성룡
엮은이 | 김문수
발행인 | 권오현

펴낸곳 | 돋을새김
주소 | 경기도 고양시 일산동구 하늘마을로 57-9 k씨티빌딩 301호
전화 | 031-977-1854 팩스 | 031-976-1856
홈페이지 | http://blog.naver.com/doduls 전자우편 | doduls@naver.com
등록 | 1997.12.15. 제300-1997-140호
인쇄 | 금강인쇄(주)(031-943-0082)

ISBN 978-89-6167-344-0 (03900)
Copyright ⓒ 2009, 김문수

값 12,000원

돋을새김
푸른책장
시 리 즈
0 1 4

징비록

서애 유성룡 지음 | **김문수** 엮음

돋을새김

"내가 그 잘못을 뉘우치려 경계하여 나무라고
훗날 환난이 없도록 삼가고 조심한다."

징비록

임진왜란 당시 도체찰사와 영의정을 지내면서 조정을 이끌어 나갔던 유성룡이 전란 중에 있었던 사건들과 자신이 직접 겪은 일들을 기록했다. 임진왜란이 끝난 뒤 벼슬에서 물러나 있을 때 집필했으며 1604년(선조 37)에 저술을 마쳤다. 임진왜란에 관한 종합적이고 체계적인 사료로서 가치를 인정받아 1969년 국보 132호로 지정되었다.

도요토미 히데요시(1536~1598)

오다 노부나가의 뒤를 이어 정권을 장악하고 1587년 일본을 통일하였다. 다이묘들의 무력을 해외로 분출시켜 국내 상황을 안정시키고 국제교역상의 불리함을 타파하기 위해 1592년 조선을 침략했다.

가토 기요마사(1562~1611)

어렸을 때부터 많은 전투에 참가해 전공을 세웠다. 임진왜란이 일어나자 함경도 방면으로 출병해 조선의 왕자 임해군과 순화군을 포로로 잡는 등 큰 활약을 펼쳤다. 하지만 울산 전투에서는 죽음의 위기를 겪기도 했는데 그 과정에서 함께 참전한 고니시 유키나가, 이시다 미쓰나리 등과 갈등을 빚었다.

부산진 순절도

1592년 4월 13일과 14일 이틀 동안 부산진에서 벌어졌던 전투를 묘사한 것으로 1963년 보물 391호로 지정되었다. 부산진성은 왜군들이 조선에 상륙할 때 반드시 거쳐야 하는 요충지였다. 1592년 4월 13일, 병선 700여 척을 이끌고 부산포에 침략한 왜군은 14일에는 부산진을 완전히 포위했다. 성안에서는 끝까지 항전했지만 당시의 부산진 첨사 정발이 전사하면서 부산진은 함락되고 말았다.

동래부 순절도

동래성에서 왜군과 싸우다 전사한 부사 송상현과 백성들의 항전 내용을 묘사한 것으로
1963년 보물 392호로 지정되었다. 1592년 4월 14일 부산진을 함락시킨 왜군은 15일 동
래부를 공격했다. 너무나 쉽게 무너져 버린 부산진 전투 소식에 두려움을 느낀 장수들은
모두 도망가기 바빴으나 부사 송상현은 끝까지 성에 남아 싸우다가 전사했다.

신립(1546~1592)

부산이 함락된 후 지형이 험준한 조령에서 북상하는 왜군을 막으려 했지만, 상주에서 이일이 패전했다는 소식을 들은 신립은 개활지인 탄금대에서 배수진을 치고 왜적에 맞섰다. 북방의 여진족을 토벌한 명장 신립이었지만 훈련도 제대로 되지 않은 오합지졸의 군사들과 왜적에 맞서 싸워 이기기는 힘들었다. 패전한 신립은 강물에 뛰어들어 자살했고, 탄금대 전투의 패배로 선조는 도성을 떠나 피란을 가게 된다.

권율(1537~1599)

유성룡의 천거로 의주 목사가 되어 임진왜란에 큰 공을 세웠다. 특히 권율이 이끌었던 행주대첩은 이순신이 이끈 한산도대첩, 김시민이 이끌었던 진주대첩과 함께 조선군이 크게 승리한 임진왜란 3대 대첩으로 꼽힌다.

鳴梁海戰圖一

이순신(1545~1598)

옥포대첩, 사천포해전, 당포해전, 부산포해전, 명량대첩 등 수많은 해전에서 승리하며 임진
왜란 당시 왜군을 물리치는 데 큰 공을 세웠다.

鳴梁海戰圖一

명량해전도

임진왜란 당시 육지에서는 패전을 거듭했지만 남해안에서 수군이 승리를 거두면서 왜적의 보급로를 막아 서서히 전세를 역전시킬 수 있었는데, 특히 이순신의 활약이 눈부셨다.

1597년, 모함을 받은 이순신이 파직당한 뒤 삼도수군통제사가 된 원균은 칠천량 해전에서 일본 수군에게 크게 패하고 말았는데, 다시 수군통제사가 된 이순신은 남은 배 13척을 거느리고 133척이나 되는 일본 수군과 명량에서 결전을 벌인 끝에, 적선 31척을 격파하는 대승리를 거뒀다.

이여송(1549~1598)

중국 명나라 장수로서 임진왜란 당시 원병을 이끌고 참전했다. 김응서(金應瑞, 1564
~1624) 등이 이끄는 조선군과 연합하여 1593년 1월 고니시 유키나가의 왜군을 기
습해 평양성을 함락시켰다. 벽제관에서 왜군에게 패한 뒤 화의 교섭에만 주력하여,
적극적으로 전투에 나서길 원했던 유성룡과 여러 차례 다툼이 있었다.

도도 다카도라(1556~1630)

"무사란 주군을 일곱 번 바꾸지 않으면 무사라 할 수 없다"는 말로 유명한 도도 다카
도라는 실제로도 주군을 여러 번 바꾸었던 것으로 알려져 있다.
도도 다카도라는 임진왜란 당시 수군을 이끌고 참전했으나 이순신이 이끄는 조선 수
군에게 연이어 패배하는 치욕을 당하게 된다.

창의토왜도

임진왜란이 발발하고 왜군이 함경도에 들어왔을 때 의병을 일으켜 대항했던 북평사 정문
부의 활약상을 그린 그림이다. 조선군이 초반부터 패전을 거듭하며 어려움을 겪자 각 지역
에서 의병이 일어나 크게 활약했다.

조총

16세기 중엽 포르투갈 상인이 일본에 전해 주었다. 조총이 새로운 무기였다고는 해도 아무 전술 없이 마구잡이로 난사하는 방식은 큰 위협이 되지 않았다. 하지만 총병들이 대열을 형성한 후에 일제히 집중 사격하는 전술이 일본에 유입되면서 임진왜란 당시 큰 위력을 발휘했다.

비격진천뢰(왼쪽)와 완구(오른쪽)

비격진천뢰는 임진왜란 발발 직후 이장손이 발명했다. 도화선을 감는 목곡, 목곡이 들어가는 죽통, 얇은 철 조각, 뚜껑 등으로 이루어져 있다. 표면은 무쇠로 둥근 박과 같고 내부는 화약과 얇은 철 조각들로 장전하게 되어 있으며, 화포의 일종인 완구를 이용하여 발사한다. 임진왜란 당시 박진은 비격진천뢰를 이용해 진주성을 되찾았다.

"대완구(大碗口)라는 포에 장착하여 쏘면 500~600보를 날아가 떨어지고 땅에 떨어진 한참 뒤에야 속에서 화약이 폭발한다. 왜적은 이 무기를 제일 무서워했다."(본문 138쪽 중에서)

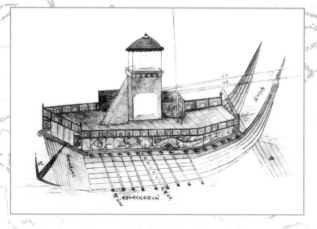

판옥선

갑판 위에 지붕을 덮어 2층 구조로 만든 배로 임진왜란 당시 조선 수군의 주력 군선이었다. 노 젓는 군사들은 상·하 갑판 사이의 안전한 장소에서 마음 놓고 노를 저을 수 있고, 전투를 하는 군사들은 상갑판 위의 높고 넓은 자리에서 효과적으로 싸울 수 있었다. 또한 배가 높아 왜구들이 기어오를 수가 없었으며 위에서 아래를 향하여 활을 쏘기에 매우 유리했다.

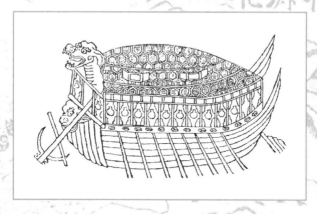

거북선

판옥선을 개량하여 판자 위에 십자 모양으로 좁은 길을 내고 그 외의 부분에는 칼과 송곳을 꽂아서 적이 배 위에 오를 수 없도록 만들었다. 앞에는 용의 머리를 달아 입에도 총구멍을 만들고 뒤에는 거북의 꼬리를 달았다. 거북선은 적함 사이를 빠르게 뚫고 들어가 적의 지휘관을 사살하는 것과 같은 특수한 임무를 맡은 특수 군선이었다.

이 책을 읽는 분들에게

흔히들 일본을 일러 '가깝고도 먼 나라'라고 말하는 것이 현재 우리의 실정이다. 지리상으로는 가깝게 위치해 있으나 섣불리 이웃했다가는 크게 낭패하게 되는 그런 나라, 그런 국민들이라는 뜻일 것이다.

일본의 국정 교과서에 실리는 우리의 역사를 제 맘대로 왜곡한 내용이 그렇고, 엄연한 우리의 국토 독도를 자기네 땅이라 억지를 쓰는 일이 또 그렇다. 일일이 열거할 수 없을 정도로 그렇듯 잘못된 일들을 시도 때도 없이 만들고 저지른다. 이것이 일본이라는 나라, 그 나라에 사는 대부분의 사람들이다. 나는 이것이 나만의 생각, 또는 많지 않은 국민들의 심정이라고 생각하지 않는다. 결코 그렇지 않음을 비근한 예를 들어 말한다면 스포츠 경기 때라 할 수 있다.

우리나라가 일본과 겨루는 경기가 TV로 중계 방송될 때, 세계 여러 다른 나라와 시합을 할 때와는 딴판이다. 모두가 한마음으로 일본의 패배를 열망한다. 만약 그 경기에서 우리가 패하기라도 한다면 열망은 극심한 분노로 바뀌고 여기저기에서 욕설이 튀어나오

게 마련이다.

36년이라는 길고 긴 일제의 강점 때문이기도 하고 남서부 해안의 잦은 왜구의 노략질 때문이기도 할 것이다. 그러나 이에 앞선 임진왜란이 더 크게 작용해서일 것이다.

『징비록(懲毖錄)』은 바로 참혹했던 민족의 수난사요, 바로 그 임진왜란 · 정유재란을 기록한 기록 문학 작품이다. 서애 유성룡(西厓 柳成龍) 선생은 이 작품을 1604년(선조 37), 그러니까 정유재란 7년 뒤 그가 63세 때 탈고했다.

금년에 우리나라는 위대한 선조 허준 선생의 보배로운 저술『동의보감』으로, 저작물로는 최초로 유네스코에 의해 세계문화유산으로 지정되는 기쁨을 누리게 되었다. 그 기쁨 뒤에 나는 유성룡 선생의 이『징비록』또한 그에 버금가는 문화유산이라는 생각을 떨치지 못했다. 내 생각만이 아니라 모두들 그렇게 평가하고 있다. 그 증거가 저작물로는 드물게 국보(제132호)로 지정됐다는 바로 그 점이다.

이 국보『징비록』은 탈고된 뒤 필사본으로 극히 소수의 독자들에

게만 선보였을 뿐인데 서애의 아들 유진이 1633년 『서애집』을 간행하면서 그 안에 수록하게 되었다. 그리고 그로부터 14년 뒤인 1647년에는 외손자인 조수익에 의해 별도로 간행되기도 했었다. 게다가 1695년에는 일본 교토에서 간행되기까지 했다.

이 『징비록』의 번역 대본은 상·하 2권과 『녹후잡기(錄後雜記)』로 간행된 판본이다. 이 판본이 간행되었을 당시에는 인쇄술이나 제책·제본 기술이 발달되지 않았으므로 요즘으로 치면 단 한 권에 모두가 수록될 수 있었던 것인데 상·하·별권으로 분책이 될 수밖에 없었다.

그러한 『징비록』을 이 한 권에 다 모아 싣고 독자들의 편의를 위해 총 4부로 구분했다.

제1부는 임진왜란이 일어나기 6년 전부터 왜란으로 파천(播遷)하기까지의 기록, 제2부는 파천한 평양에서 파병된 명나라 구원군을 맞이하기까지, 제3부는 주로 왜적의 철군과 정유재란에 관한 기록이다. 그리고 제4부는 원본에서 『녹후잡기』라고 제목을 붙인 부분이다. 내용은 집필을 마치고 나서 누락된 부분이나 참고할 사건들

을 보충해 집필한 여러 얘기들로 이루어져 있다.

여기에 덧붙여 일러둔다면 원본에는 일본·왜가 섞이어 기록돼 있으나 여기서는 왜국·왜적·왜장 등으로, 또 중국·명나라 등도 명나라 하나로 통일시켜 옮겼다. 그리고 왜국의 장수 등 인명은 그들이 부르는 대로, 예를 든다면 풍신수길(豊信秀吉)을 도요토미 히데요시로 표기했다.

끝으로 독자들께 한가지 부탁하고 싶은 것이 있다면, 우리의 문화유산이 귀중함을 이 책을 통하여 깨달아 주었으면 싶고 아울러 이 시대를 살아가는 우리가 '가깝고도 먼 나라' 일본을 어떻게 대해야 하는가에 대한 지혜를 얻게 되는 계기가 되었으면 하는 점이다.

2009년 여름
옮겨 엮은이

차례

서문

왜 『징비록』인가.

임진왜란(壬辰倭亂)이 일어나 겪은 일들을 기록한 것이다. 이 기록들 중에는 난리가 일어나기 전의 일들도 있다. 그것은 난리가 왜 일어났는지를 명확히 밝혀내기 위함이다.

아! 임진년의 전화(戰禍)는 참으로 참혹했다.

수십 일 동안에 삼도(三都 : 한양 · 개성 · 평양 − 역주)를 지키지 못했을 뿐만 아니라 조선 8도가 와해돼 임금께서는 수도를 떠나 파천(播遷)해야만 했다. 그러고서도 우리나라에 오늘날이 있음은 하늘의 도움 때문이라 할 수 있겠다. 또한 선대 여러 임금들의 어질고도 두터운 은덕이 백성들 가슴 깊숙이 뿌리를 뻗었으므로 백성들의 나라 사랑하는 마음이 흐트러지지 않았기 때문이다.

거기에 임금께서 명나라를 섬기는 정성이 황제(명나라 − 역주)를 감동시켜 우리나라를 구원키 위한 군대가 수차 출동했기 때문이기도 했다. 이런 여러 일들이 없었다면 그야말로 우리나라는 참으로 위태로웠을 것이다.

『시경(詩經)』에 '予其懲而毖候患(여기징이비후환 : 내가 그 잘못을

뉘우치려 경계하여 나무[懲]라고 훗날의 환난이 없도록 삼가고 조심[毖]한다)'이라는 구절이 있는데 이것이 곧 내가 『징비록』을 집필한 까닭이다.

나처럼 보잘것없는 사람이 난국에 나라의 중대한 책임을 맡아 그 위기를 바로잡지 못했을 뿐만 아니라 기울어지는 기틀을 똑바로 일으키지도 못했다. 그 죄는 죽어도 용서받을 수 없다. 그럼에도 초야에서 구차하게 목숨을 이어가고 있으니 그것이 어찌 임금께서 너그러이 베푸시는 은전이 아닌가.

근심과 두려움이 조금 진정되어 지난날의 일들을 되살리니 그때마다 황송하고 부끄러워 몸 둘 바가 없다. 그래서 한가한 틈을 타 내가 직접 듣고 본 바, 임진년(1592, 선조 25)부터 무술년(1598, 선조 31)에 이르기까지의 일들을 대충 기술하니, 그것으로 얼마쯤 되었고 거기에다 장·계(狀·啓: 서면으로 임금께 보고하는 문서와 여러 정책을 건의하는 문서─역주)와 소·차자(疏·箚子: 격식을 차리지 않고 간략한 사실만 적어 올리는 상소─역주) 그리고 문이(文移: 하급관청에 지시하는 공문─역주)·잡록(雜錄: 요즘의 메모─역주) 등을 뒤

에 붙였다.

    비록 보잘것은 없으나 모두 다 그 당시의 사적(事蹟)이기 때문에 버리지 않았던 것을 초야에서 지내면서 정성 들여 정리했다. 이 일은 어리석기 짝이 없는 신하인 내가 나라에 충성하고자 하는 간절한 뜻과 나라에 보답지 못한 죄를 빌기 위한 뜻이 함께 담겨 있다.

갑진년(선조 37) 7월

서애 유성룡

제1부

···

임진왜란 6년 전부터 파천까지의 기록

1. 일본과 우리나라의 화친(和親)

선조(宣祖) 19년(1586), 일본 사신 다치바나 야스히로[橘康廣 : 귤강광]가 왕(도요토미 히데요시, 실은 막부의 장군이지만 모든 국정을 처결하므로 국왕 구실을 함–역주)의 서신을 가지고 왔다.

우리나라는 이미 왜국 왕 겐지[源氏]가 나라를 세운 후 2백 년가량 수교를 맺어 가까이 지냈다. 사신을 보내 경축하기도 하고 조문하는 예의를 차렸다. 신숙주(申叔舟)가 서장관(書狀官)으로 일본을 왕래한 것도 그 예이다. 신숙주가 죽을 때 성종(成宗)께서 물으셨다.

"내게 남길 말이 있는가?"

"원컨대 일본과 화친(和親)하도록 하옵소서."

신숙주의 말에 감동하신 성종께서는 부제학(副提學) 이형원(李亨元)과 서장관 김흔(金訢)을 보내 화친을 유지하려 했다. 그런데 그들은 대마도(對馬島)에서 서찰을 보내 심한 풍랑으로 병을 얻었음을 알렸다. 성종은 보고를 받고 대마도 도주(島主)에게 서장(書狀)

과 예물을 전하고 귀국하도록 명했다. 그러고는 그 뒤로 왜국에 사신을 보내지 않았다. 다만 왜국에서 사신이 올 때에만 예절을 갖추어 접대해 보냈다.

도요토미 히데요시[豊臣秀吉 : 풍신수길]가 겐지의 뒤를 이어 왕이 되었을 때 그에 대한 말들이 우리 조정에까지 전해졌다.

'도요토미 히데요시는 원래 중국 사람인데 어쩌다 일본으로 흘러들어 나무장사를 해 연명했었다. 어느 날 왕이 길에서 우연히 그를 만나게 되었다. 그때 왕은 그가 범상치 않은 인물이라 생각하고 불러다 군대에 편입시켰다. 과연 그는 용맹한 군인으로 전투를 잘했으며 전공(戰功)도 많이 쌓았다. 그러다 대관(大官)에까지 이르고 권력을 잡게 되었다. 그러던 끝에 겐지 왕을 죽이고 그 자리를 차지하게 되었다.'

이와는 다른 얘기도 전해졌다.

'겐지 왕이 다른 사람에게 죽음을 당하자 도요토미가 그 죽인 사람을 죽이고 나서 나라를 빼앗았다.'

어쨌든 그는 무력을 휘둘러서 여러 섬을 빼앗았으며 일본의 66주(州)를 통일시켰다. 그렇게 되자 외국을 침략할 생각까지 품게 된 것이다.

그는 '우리 사신은 자주 조선에 가는데 조선은 사신을 보내지 않는다. 이는 우리를 업신여기는 것이다'라고 주장했다. 그리고 다치바나 야스히로를 보내 통신사(通信使 : 외국에 보내는 사신)를 보낼 것을 요구했다. 그런 내용이 담긴 서신 중에 '이제 천하가 짐의 손

아귀에 들어오게 돼 있다'는 구절까지 있다. 참으로 오만불손했다.

겐지가 왕위에서 물러난 지도 10여 년이 되었고 여러 섬에서 온 왜인들의 우리나라 왕래도 빈번해졌다. 그러나 그들은 자기 나라 금령(禁令)이 엄해 그 두려움 때문에 왜국 국내의 사정과 분위기를 입 밖에 내지 않았다. 그래서 우리 조정에서는 그런 정황을 알지 못하고 있었다.

그 무렵 다치바나 야스히로는 50세가 넘었고 체격이 컸으며 수염과 머리칼은 반백이었다. 그는 우리나라에 닿은 뒤 지나오는 관(館)과 역(驛)마다 가장 좋은 방에서만 묵으려고 했고 하는 행동마다 거만했다. 여느 왜국 사신들과는 사뭇 달랐다. 그러니 그를 대하는 사람들 모두 곱지 않게 여겼다.

옛날부터 왜국 사신들이 지나는 군·읍에서는 길가에 백성들이 창을 들고 늘어서서 위엄을 보이는 것이 관례로 되어 있었다.

그런데 다치바나 야스히로는 인동(仁同 : 경북 칠곡군의 고을)을 지나다가 창을 잡고 있는 사람들을 깔보듯이 비웃으며 말했다.

"당신네들 창 자루가 형편없이 짧소이다."

상주에서는 이런 일도 있었다. 목사(牧使) 송응형(宋應洞)이 그를 접대하기 위해 잔치를 베풀었다. 기생들의 춤과 악사들의 연주가 시작되자 그는 통역을 시켜 물었다.

"나는 여러 해 동안 전쟁을 치르며 살았기 때문에 이렇듯 수염과 머리칼이 허옇게 세었지만 목사께서는 기생들의 춤과 노래 속에서 걱정 없이 지내셨는데도 머리가 센 까닭은 무엇이오?"

송 목사를 망신 주려는 무례한 질문이었다.

다치바나 야스히로가 한양(서울 : 이하 한양으로 통일 기술하겠음 －역주)에 도착했을 때 예조판서가 잔치를 베풀어 대접했다. 그 자리에서 술이 얼큰해진 다치바나 야스히로는 자리 위에 후추[胡椒]를 휙 뿌려 흩어 놓았다. 그러자 기생과 악공들이 앞다투어 줍느라 야단법석이었다. 숙소에 돌아온 그가 통역에게 말했다.

"너희 나라는 망할 것이다. 기강이 그토록 허물어졌는데 어찌 망하지 않을 수가 있느냐!"

그런 다치바나 야스히로가 돌아갈 때 조정에서는 그가 전한 서장에만 답하고 수로(水路 : 뱃길)를 모른다는 핑계로 사신을 보내지 않았다. 귀국한 다치바나 야스히로가 그 사실을 보고했다. 그러자 크게 노한 도요토미 히데요시가 다치바나 야스히로를 비롯한 그 일족까지 모두 죽이고 말았다. 그런데 실은 다치바나 야스히로가 그의 형과 함께 겐지 왕 때부터 우리나라에 와서 조공(朝貢)하고 관직까지 받았었기 때문에 도요토미 히데요시는 그의 보고 내용이 우리나라를 두둔한 것이라 판단하고 살해한 것이라고 본다.

2. 불길한 조짐

왜국 사신 소 요시토시[宗義智 : 종의지]가 우리나라에 왔다. 도요토미 히데요시가 다치바나 야스히로를 죽이고 나서 새로운 사신을 시켜 우리나라에서 다시금 통신사를 보내 줄 것을 요청한 것이다. 새 사신 소 요시토시는 왜국 군권(軍權)을 쥐고 있는 고니시 유키나가[小西行長 : 소서행장]의 사위이며 도요토미 히데요시의 심복이기도 했다. 그렇기 때문에 도요토미 히데요시는 대대로 대마도를 지키며 우리나라를 섬겨온 대마도 태수(太守) 소 모리나가[宗成長 : 종성장]를 내쫓고 소 요시토시로 하여금 대마도의 정무(政務)도 주관하게끔 했다.

이미 우리나라에서 바닷길이 익숙지 않다는 핑계로 통신사를 보내지 못한다고 한 일이 있기 때문에 도요토미 히데요시는 거짓으로 '소 요시토시는 대마도 도주의 아들이라 누구보다도 바닷길에 익숙하니 그와 함께 왕래하도록 하시오' 했다. 우리나라에서 거절할 구실을 없앤 것이다. 게다가 우리나라의 외침에 대한 방비가 어떤지도 살펴보고 오게끔 야나가와 시게노부[柳川調信 : 유천조신]와 승려인 겐소[玄蘇 : 현소] 등을 딸려 보냈다.

소 요시토시는 젊은 데다 날쌔고 사납기까지 해 왜국인들조차도 모두들 두려워했다. 그렇기 때문에 그의 앞에서는 엎드려 길 뿐만 아니라 감히 그의 얼굴을 쳐다보지도 못할 지경이었다.

그러한 그가 사신으로 들어와 동평관(東平館 : 왜국 사신이 머무르던 객관으로 지금의 서울 예장동에 있었음 – 역주)에 머물면서 기어코 우리 사신과 함께 가겠다고 버티었다. 그러나 우리 조정에서는 그 가부를 쉬 결정하지 못하고 있었다.

이번 일이 있기 몇 해 전, 전라도 손죽도(損竹島)에 왜구가 침입해 그곳 수비대의 장수 이태원(李太源)을 죽인 일이 있었다. 그때 생포된 왜구가 '조선의 변방 백성인 사화동(沙火同)을 비롯한 한 무리가 나라를 배반하고 우리 왜국에 들어와 있었는데 그들이 우리를 인도해 침입했소'라고 실토했었다.

그 말에 우리 조정에서는 몹시 분격했었으므로 대신들은 '이제라도 마땅히 그 반역자들을 돌려보내도록 한 뒤에 그때 가서 통신사를 보낼 것을 의논하는 게 좋겠다. 우리는 왜국이 성심으로 대하는지부터 확인해야 한다'는 의견들이 대부분이었다.

조정에서는 동평관의 접대관을 통해 넌지시 그 뜻을 전하게끔 했다. 그러자, 소 요시토시는 '그것은 어렵잖은 일'이라며 야나가와 시게노부를 본국으로 보냈다. 서너 달 뒤, 일본에 있던 우리 백성(모반했던) 10여 명을 끌고 와 조정에 넘겼다.

임금께서는 많은 군대의 호위를 받으며 인정전(仁政殿 : 창덕궁 정전 – 역주)으로 나아가셨다. 사화동 등을 엄하게 심문한 뒤 끌어내어 성 밖에서 목을 베게 했다. 그리고 소 요시토시에게 내구마(內廏馬 : 임금의 말을 관장하는 내사복시에서 기른 말 – 역주) 한 필을 상으로 내렸고 다른 왜국 사신들에게는 잔치를 베풀어 주셨다. 그

러자 소 요시토시, 겐소 등이 대궐 안으로 들어와 임금께 술잔을
올렸다.

그때 나는 예조판서로서 왜국 사신들을 예조 안에서 대접하고
있었다. 통신사 파견에 대해서는 그때까지도 아무런 결정을 내리
지 못했다.

이후 대제학(大提學)으로서 국서(國書)를 쓰게 되었을 때 나는 임
금께 글을 올렸다.

'이 일을 속히 결정하시어 두 나라 사이에 불화함이 없도록 하시
옵소서.'

이튿날 조강(朝講 : 이른 아침에 임금께 경의를 진강하는 자리 - 역
주) 때 지중추부사 변협(邊協) 등도 임금께 아뢰었다.

"마땅히 사신을 보내어 회답케 하고 그들의 동정도 살피게 하는
것이 좋은 계책일 듯하옵니다."

그러자 비로소 조정의 의론이 결정되었다.

결국 어명으로 적합한 사신을 가리게 했다. 이에 대신(大臣)이 첨
지(僉知) 황윤길(黃允吉)과 사성(司成) 김성일(金誠一)을 추천, 이들
을 상사(上使)와 부사(副使)로 그리고 전적(典籍) 허성(許筬)을 서장
관으로 하여 이들을 통신사 일행으로 삼았다.

이들은 마침내 선조 23년(1590) 3월, 소 요시토시 등과 함께 왜
국으로 떠나게 되었다. 떠나기 전, 소 요시토시가 공작 두 마리와
조총·칼·창을 바쳤다. 임금께서는 공작을 남양(南陽)에서 가까
운 섬으로 날려 보내도록 하고 조총을 비롯한 무기류는 군기시(軍

器寺 : 장인들이 모여 병기를 만들고 보관하던 관서)에 두게 하라는 어명을 내렸다. 우리나라가 조총을 가지게 된 것은 이때가 처음이었다.

이듬해 봄, 통신사 황윤길·김성일 등이 귀국했다. 이때 왜국의 야나가와 시게노부와 겐소 등도 따랐다.

작년 4월 29일, 부산포에서 배로 대마도에 이른 우리 통신사는 그곳에서 한 달 동안 머물렀다. 그런 뒤 수로로 40여 리를 가서 일기도(一岐島)에 닿았다. 그리고 박다주(博多州)·장문주(長門州)·낭고야(浪古耶 : 북구주에 있는 곳 – 역주)를 거쳐 7월 22일에야 비로소 국도(國都 : 지금의 교토)에 도착했다. 왜국인이 일부러 길을 멀리 돌게 하고 여러 곳에 머물게 했던 것이다.

우리 통신사가 대마도에 있을 때의 일이었다. 하루는 소 요시토시가 산사(山寺)에서 잔치를 베풀고 우리 사신들을 초대했다. 사신들이 그곳에 가 자리하고 있는데 뒤늦게 소 요시토시가 교자를 탄 채로 문 안까지 들어와 섬돌에 이르러서야 내렸다. 화가 난 김성일이 벌떡 일어서서 말했다.

"대마도는 우리나라의 번신(藩臣 : 변방의 신하 – 역주)이다. 우리는 사신으로 왕명을 받들고 왔는데 어찌 감히 이토록 무례하냐! 나는 이 잔칫상을 받지 않겠다!"

김성일은 말을 마치기 무섭게 밖으로 나왔다. 허성 등도 뒤따랐다. 그러자 소 요시토시는 모든 허물을 교군(較軍 : 가마꾼)에게 돌리며 그를 죽여 머리를 들고 와 사죄했다. 그 일이 있고부터 왜인들은 김성일을 공경하고 두려워했다. 그리고 예의 바르게 대접했으며 멀리서 바라만 보고도 급히 말에서 내렸다.

국도에서는 큰 절에서 유숙케 했다. 마침 그때 도요토미 히데요시가 동산도(東山道)라는 데에 출전(出戰) 중이었기 때문에 서너 달이나 그곳에서 유숙해야만 했다. 그러나 그가 전쟁터에서 돌아온 뒤에도 궁실(宮室)을 수리해야 한다는 이유를 대며 곧장 우리의 국서를 받지 않았다. 그 때문에 다섯 달이나 숙소에 머물 수밖에 없었다. 그런 연후에야 비로소 국명(國命 : 나라의 명령)을 전달하게 됐다.

왜국이라는 나라는 따로 천황(天皇)이 있기 때문에 왕이라는 도요토미 히데요시조차 그 밑에 있는 모든 관원들처럼 신하의 예로써 섬겼다. 이런 까닭에 국내에서는 도요토미 히데요시를 왕이라 칭하지 않고 관백(關白) 혹은 박육후(博陸候)라 칭하고 있다.

관백이란 옛날 중국 한나라의 대장군인 '곽광(霍光)이 모든 일을 자기에게 먼저 관백하도록 했다'는 데에서 따온 칭호이다. 또 박육후는 그 곽광에게 봉한 작명(관작의 칭호)이다.

왜국에서는 우리 사신을 접대할 때 교자를 타고 궁전으로 들어가는 것을 허락했다. 그 교자는 앞에서 날라리(태평소)와 피리를 불며 인도했고 낮은 곳이 아니라 당(堂)에 올라 예를 행하도록 했다.

도요토미 히데요시는 작고 못생긴 얼굴에 낯빛 또한 검었다. 남달리 위엄이 있는 태도나 차림새도 아니었다. 그런데도 눈빛만은 반짝반짝 사람을 꿰뚫는 듯한 느낌을 준다고들 평했다.

세 곳이 둘러싸이고 남쪽이 트인 마룻바닥에 앉았는데 사모(紗帽)를 쓴 검은 도포 차림이었다. 몇 명의 신하들이 그 옆에 벌여 앉아 우리 사신을 인도, 자리에 앉게 했다. 자리에는 아무런 접대용 기구가 갖춰져 있지 않았다. 다만 앞에 탁자 하나만 놓였다. 그 탁자 한가운데 떡 한 그릇이 놓였고 질그릇에 술을 부어 돌렸다. 탁주(濁酒)였다. 그리고 그 예절이 매우 간략하여 술잔을 서너 번 돌리고는 끝이었다. 절하거나 읍하여 술잔을 주고받는 절차도 없었다.

잠시 후, 도요토미 히데요시가 갑자기 일어나 안으로 들어가 버렸다. 자리에 있는 누구도 꼼짝 않고 앉아 있었다.

조금 있으니까 어떤 사람이 평상복 차림으로 어린애를 안고 안에서 나왔다. 그러고는 당 안을 이리저리 거닐었다. 쳐다보니 도요토미 히데요시였다. 모든 사람들은 그저 엎드린 채 고개를 숙이고 있었다.

잠시 후 도요토미 히데요시가 난간으로 나가 앉더니 우리나라 악공을 불러 여러 음악을 연주케 해 듣고 있었다. 그러던 중 어린애가 오줌을 싸자 그는 웃으면서 시종을 불렀다. 계집종이 안에서 달려나왔다. 그는 어린애를 주고는 다른 옷으로 갈아입었다. 모든 일이 참으로 제멋대로였고 매우 건방졌다. 그야말로 안하무인이었다.

우리 사신이 그 자리에서 물러나온 뒤로는 한 번도 도요토미 히데요시를 볼 수가 없었다. 그런데 상사와 부사에게 은 4백 냥을 주었고 서장관과 통사(통역) 등 수행원에게는 차등을 두어 은을 지급

했다.

우리 사신이 돌아갈 때가 되었어도 답서는 써 주지 않았다. 그저 먼저 돌아가라고만 했다. 김성일이 말했다.

"내가 사신으로서 국서를 받들고 왔거늘 만약 답서를 가져가지 못한다면 이는 국명을 풀밭에 버리고 가는 것과 다르지 않다."

황윤길은 더 머물게 할까 저어하여 서둘러 출발했다. 그렇게 계빈(界濱)에 이르자 그제야 답서를 보내왔다. 그러나 그마저도 내용이 거칠고 오만하여 우리가 바랐던 것이 아니었다.

김성일은 그것을 받지 않고 몇 차례씩이나 개정을 요청했다. 그리고 그렇게 고쳐 받은 것을 가지고 떠났다. 그런데 우리 사신 일행이 지나는 곳마다 여러 왜인들이 나와서 선물을 주었지만 김성일은 모두 물리치고 말았다.

황윤길은 부산에 닿자 급히 왜국의 정세를 보고했다. '반드시 병화(兵禍)가 있을 것'이라고.

이윽고 조정에 복명(復命 : 명령을 수행한 보고-역주)할 때 임금께서 불러 물으셨다. 그러자 황윤길은 부산에서 올린 정세 보고와 다르지 않게 대답했다. 김성일의 의견은 그와 딴판이었다.

"신(臣)은 그러한 정세를 느끼지도 또한 보지도 못했사옵니다. 황윤길의 인심을 동요시키는 말은 옳지 못하다고 사료되옵니다."

이렇듯 다른 말에 어떤 이는 황윤길의 말에 찬동했고 또 어떤 이는 김성일의 말에 찬동했다.

내가 김성일에게 물었다.

"그대의 말은 황사(黃使 : 황윤길)의 말과는 전혀 다른데 만일 병화가 있게 된다면 장차 어쩔 작정이시오?"

김성일이 대답했다.

"나 역시 어찌 왜적이 끝내 군사를 일으키지 않는다고 단언하겠습니까. 그러나 단지 황윤길의 말이 너무 지나쳐 중앙이나 지방의 사람 모두가 놀라 당황할 것이므로 그것을 염려해서 그랬을 따름입니다."

그들이 가져온 왜국의 국서에 '군사를 거느려 명나라에 뛰어들어 가겠다'는 구절이 있었다. 그래서 내가 '사유를 갖춰 곧 명나라 조정에 보고하는 것이 마땅한 처사일 것입니다' 했다. 그러자 영의정 이산해(李山海)가 이렇게 말했다.

"그러면 명나라 조정에서는 우리가 왜국과 사사로이 통했다고 책망할지 모르오. 그러니 알리는 것은 숨겨 두는 것만 못할 것 같소이다."

내가 이렇게 받았다.

"일이 있어서 이웃 나라와 왕래하는 것은 피치 못할 나랏일입니다. 일찍이 성화(成化 : 명나라 연호, 1465~1487 – 역주) 때 왜국이 우리나라를 통해 중국에 조공하기를 청해 우리는 곧 그 사실을 명나라에 보고했었습니다. 그러자 명나라에서는 조칙(詔勅)을 내려 회유했던 일이 있습니다. 전날에도 그런 일이 있었으니 이번 일은 처음이 아닙니다. 만약 지금 사실을 감추고 알리지 않는다면 대의에도 어긋날 뿐만 아니라 만약의 경우 실제로 침범할 계획이 있어 그 사실이 다른 경로로 알려지게 된다면 명나라는 외려 우리나라가 왜국과 공모했기 때문에 숨긴 것이라고 의심할 것입니다. 그리된다면 그 죄는 통신사가 왕래했다는 것만으로 그칠 일은 아닙니다."

조정에는 내 의견에 찬동하는 이들이 아주 많았다. 그리하여 김응남(金應南 : 대사간 등의 벼슬을 했음 - 역주) 등을 서둘러 보내 사실을 알리게끔 했다.

그 무렵, 복건성(福建省)의 허의후(許儀後) · 진신(陣申) 등이 왜국에 잡혀 있었는데 왜의 그런 정세를 비밀리에 본국에 보고했다. 그리고 유구국(流球國 : 지금의 오키나와 - 역주)의 세자인 상녕(尙寧)도 잇따라 명나라에 사신을 보내 그 사실을 보고케 했다. 그럼에도 유독 우리나라의 사신만 명나라에 가지 않았으므로 명나라에서는 우리가 왜국과 내통하고 있지 않나 의심하는 축들이 많았다. 그런데 재상인 허국(許國)이 그전에 사신으로 우리나라를 다녀간 일이 있어 '조선은 성심으로 우리 명나라를 섬기니 왜국과 내통해 배반하는 일은 절대로 없습니다. 좀 기다려 보는 게 좋겠습니다' 하고 두둔했다.

얼마 후 김응남이 사신으로 가 진실을 밝히게 됐다. 재상 허국이 크게 기뻐했을 뿐만 아니라 명나라 조정에서도 그제야 의심을 풀게 되었다.

3. 신립(申砬) 그리고 임진년 봄

조정에서는 왜국의 동태가 걱정되었다. 그래서 외침을 대비하는 사무에 밝은 재신들을 뽑아 하삼도(下三道 : 충청 · 전라 · 경상 3도 - 역주)를 순찰하고 방비하는 업무를 맡겼다.

김수(金睟)를 경상 감사, 이광(李洸)을 전라 감사, 윤선각(尹先覺)을 충청 감사로 임명했다. 그리고 그들에게 병기를 준비함은 물론 성을 쌓도록 했다. 3도 중 성을 제일 많이 쌓은 곳은 경상도였다. 영천을 비롯해 청도 · 삼가 · 대구 · 성주 · 부산 · 동래 · 진주 · 안동 · 상주의 좌우병영(左右兵營)을 신축하거나 고쳐서 증축하게 했다.

사실 태평한 세월이 오랫동안 지속되었었다. 때문에 중앙이나 지방 백성들은 안일한 생활과 생각에 젖어 있어서 노역을 꺼리고 원성들이 드높았다.

내 동갑 친구인, 전에 전적(典籍 : 성균관에 속한 정6품의 벼슬 - 역주)을 지낸 이로(李魯)까지도 내게 서신을 보내 성 쌓는 것은 좋은 계책이 아니라고 했다. 이어서 '우리 고을은 정암진(鼎巖津 : 함안에서 의령으로 건너가는 낙동강의 나루 - 역주)이 가로막고 있는데 왜적이 날아서 건너겠는가. 그런데 왜 공연히 성을 쌓느라 백성들을 괴롭히는가?'라고도 썼다. 그렇게 말한다면 만 리나 되는 넓고도 넓은 바다로도 왜적을 막아 내지 못하는데 그에 비하면 띠처럼 좁은 강을 건너지 못한다고 어찌 그렇게 자신하는지. 이로의 생각이 깊지 못하고 소홀한 것은 물론이다. 당시 다른 사람들의 의견이 대체로 그러했음은 숨길 수 없는 사실이었다.

실은 홍문관(弘文舘)에서도 그와 같은 상소문을 올렸다. 그러나 그때 경상도와 전라도에 수축한 성들은 대부분 지세(地勢)를 갖추지 못했고 또 많은 사람들을 수용하는 데에만 주력해 그 넓이와 크기가 과도했다. 그런 성들 중에 진주성은 본래는 험준한 곳에 웅거하여 수비함에 있어 용이했었다. 그런데 작다고 하여 동쪽 평지에다 옮겨 쌓았으므로 후에 왜적이 그곳을 통해 들어와 결국은 성을 지키지 못하는 낭패를 보았던 것이다.

대체로 성은 작고 튼튼한 것이 좋은 것. 그럼에도 넓지 않은 것을 걱정했으니 그 무렵의 많은 사람들 생각이 그러했었다.

군정(軍政)의 근본이라든지, 장수 뽑는 요령과 군사 훈련 방법 등 그 어느 것도 정돈되지 않아 결국은 그로 인해 전쟁에 패하고 만 것이다.

나는 정읍 현감 이순신(李舜臣)을 발탁, 전라좌도 수군절도사로 삼았다.

이순신은 담력과 지략이 출중한 데다 말타기와 활쏘기도 뛰어났다. 그는 일찍이 조산(造山 : 함경북도의 고을―역주)의 만호(萬戶 : 종4품의 군직―역주)로 있었다. 그때 북쪽 변방에 오랑캐로 인한 사변이 잦았다. 때문에 이순신은 계략을 세웠다. 오랑캐 적장 우을기내(于乙其乃)를 꾀로 유인해 병영으로 끌고 와서 죽였다. 그런 뒤부터는 오랑캐로 인한 근심을 덜 수 있었다.

또 순찰사 정언신(鄭彦信)의 지시로 녹둔도(鹿屯島 : 두만강 어귀에 있던 섬-역주)의 군량을 조달키 위한 경작지를 지키게 되었다.

그 무렵 어느 날, 안개 자욱한 가운데 병사들이 총동원되어 벼를 거두었다. 성채[柵]에는 불과 10여 명만이 남아 지키고 있었다. 그때 갑자기 사방에서 오랑캐 기병이 모여들기 시작했다. 이순신은 성채 문을 닫고 유엽전(柳葉箭 : 화살촉이 버들잎처럼 생겼음-역주)을 날려 오랑캐 수십 명을 말에서 떨어뜨렸다. 그에 놀란 오랑캐들이 일제히 도망쳤다. 이순신 혼자 고함치며 뒤쫓았다. 그 바람에 혼비백산한 오랑캐 무리는 약탈했던 것들을 모두 버리고 패퇴했다.

이러한 실력자였지만 조정에 그를 천거해 주는 이가 없었기 때문에 무과(武科)에 급제한 지 10여 년이 넘도록 승진될 수 없었다. 그러다가 가까스로 정읍 현감이 된 것이다.

왜적이 침입한다는 소식이 나날이 다르게 급박해지고 있을 때였다. 임금께서 군사와 국정을 다루는 부서에서 각각 장수가 될 만한 인재를 천거하라고 명하셨다. 그래서 내가 이순신을 천거했다. 정읍 현감에서 수사(水使)로 임명되자 많은 이들은 그가 갑자기 부당하게 승진한 것처럼 의심하기도 했다. 그러나 그렇지 않다.

그때 조정에 있던 무장 중에는 신립(申砬)과 이일(李鎰)이 제일 널리 알려져 있었다. 그리고 경상 우병사(右兵使)인 조대곤(曹大坤)은 늙은 데다 용맹스럽지도 못해 많은 사람들이 그가 장수로서의 책임을 완수치 못하리라 생각하고 있었다.

내가 경석(經席 : 임금 앞에서 경서를 강론하는 자리 – 역주)에서 이 일이 조대곤을 대신하게끔 계청했다. 그러자 병조판서 홍여순(洪汝諄)이 반대했다. 명장은 조정 가까이에 있어야 하므로 이일을 멀리 보낼 수 없다는 것이었다.

내가 다시 계청했다.

"모든 일에는 예비하는 게 무엇보다도 중요합니다. 더구나 군사를 정돈해 적을 방어하는 일은 갑작스레 처리할 수도 없고 그래서도 안 됩니다. 만일 단시일에 변고가 생긴다면 이일을 보내지 않을 수가 없는데 이왕에 보내려면 하루라도 빨리 보내 예비시킴으로써 변고에 대비케 함이 유리합니다. 그렇게 하지 못해 창졸간에 다른 곳의 장수를 내려 보내게 된다면 그 도(道)의 형편에도 어두울뿐더러 군사들이 지니고 있는 용맹성이나 비겁성 등 실태조차 알 도리가 없습니다. 이는 무엇보다도 병가(兵家)에서 제일 꺼리는 일이므로 반드시 큰 후회가 따르게 되는 것입니다."

임금께서는 아무런 말씀이 없으셨다.

나는 또 관계 부서의 여러 사람들과 의논하고 조종(祖宗) 때의 지방 방위 체제를 다시 쓰자는 요지의 글을 올렸었다. 그 내용은 대략 다음과 같은 것이었다.

'건국 초기, 각 도의 군병(軍兵)은 모두 진관(鎭管 : 지방의 방위를 위한 군사 조직 – 역주)에 나뉘어 소속되어 있었기 때문에 사변이 일어나면 각 진관이 소속된 고을을 통솔해 마치 물고기 비늘처럼 죽

늘어서서 정돈되었습니다. 그러고는 주장(主將)의 명령이 떨어지길 기다렸습니다. 예를 든다면 경상도는 김해·대구·상주·경주·안동·진주 등 여섯 진관으로 나뉘어 있습니다. 그러니 설사 적이 쳐들어와 한 진관이 패했다 하더라도 다른 진들은 각기 자기 고을을 굳건하게 지키기 때문에 한꺼번에 여러 고을이 죽 따라 무너지지 않는 것입니다. 지난 을묘왜변(乙卯倭變 : 1555년 전라도에 왜군이 침입해 영암과 어란포·진도 등이 분탕당한 변란 – 역주) 뒤에 김수문(金秀文)이 전라도에서 처음으로 분군법(分軍法)을 개정해 도내의 여러 고을을 나누어, 순변사(巡邊使)·방어사(防禦使)·조방장(助防將)·도원수(都元帥)와 본도(本道)의 병마절도사와 수군절도사에게 나누어 소속시켰습니다. 그리고 그 명칭을 제승방략(制勝方略)이라 일컬었습니다. 그러자 여러 도에서 모두 이것을 본받았습니다. 그 때문에 비록 진관의 명칭을 잊었으나 실은 서로 연결이 잘 안 되어 한번 경보가 있게 되면 반드시 먼 지방과 가까운 지방이 한꺼번에 움직이게 되고 장수가 없는 군사들은 제가끔 들판에 모여 천리 밖에서 장수가 오기를 기다립니다. 장수가 제때에 오지 않고 적의 선봉이 먼저 들이닥친다면 당황하게 되어 반드시 패전하고야 맙니다. 이렇게 한번 무너지게 되면 많은 군졸들이 다시 뭉쳐지기 참으로 어렵습니다. 그때 비로소 장수가 온다 해도 어떻게 군졸을 거느려 싸움에 임하겠습니까? 그러니 다시 조종(祖宗)의 진관 제도를 수복하는 것이 마땅할 듯합니다. 이 제도는 평상시에 훈련시키기가 편리하고 사변이 있을 때는 속히 병사를 징발하고 집합할 수 있습니다. 게다가 앞뒤가 서로 호응하고 안팎이 서로 의지해 갑자기 무너져 도리가 없는 지경이 되지도 않으니 일을 처리하는 데도 좋게 됩니다.'

이일을 경상도로 내려 보냈다. 그러자 경상 감사 김수가 말했다.

"제승방략은 시험해 온 지 이미 오래되었으니 갑자기 변경할 수가 없겠습니다."

그리하여 이 의논은 마침내 중지되고야 말았다.

임진년(1592) 봄, 신립과 이일을 각기 내려 보내 지방의 군비를 순시케 했다.

이일은 충청도·전라도로, 신립은 경기도·황해도로 갔다. 그들이 돌아온 것은 한 달 뒤였으며 점검한 것들은 활·화살·창·칼 같은 것뿐이었다. 각 군읍(郡邑)에서는 모두들 문서의 형식만 갖추어 법을 회피하기에 급급했을 뿐 방어에는 이렇다 할 좋은 계책도 없었다.

신립은 평소부터 잔인하고 사나운 성질이라는 평판이었다. 그런 판에 가는 곳마다 사람을 죽이는 것으로 위엄을 부렸다. 수령들은 그가 두려워 백성들을 동원하여 길을 닦는 등 지나칠 정도로 그를 대접했다. 대신들의 행차라 할지라도 그에 따를 수가 없을 지경이었다.

4월 초하루, 그는 임금께 복명한 뒤 집으로 나를 찾아왔다.

"멀지 않아 변고가 생기면 공이 마땅히 그 일을 맡아야 될 텐데 공의 생각으로는 오늘날 적의 형세로 보아 그 방비가 충분하오, 그렇지 않소?"

내 물음에 신립은 아주 간단하게 대답했다.

"그건 걱정할 필요가 없습니다."

내가 말했다.

"그렇지 않소. 예전에는 왜적이 창·칼만 믿고 있었지만 지금은 조총과 같은 우수한 병기를 지니고 있으니 가볍게 생각할 일이 아니오."

"비록 조총이 있다고는 하나 그 조총이라는 게 쏠 때마다 사람을 맞힐 수 있겠습니까!"

내가 다시 말했다.

"태평세월이 너무 길었소. 그래서 병사들은 겁이 많고 나약해졌으니 급변이 생겼을 때 그에 항거하기가 매우 어려울 것이외다. 내 생각으로는 몇 해 뒤 사람들이 군사 일에 익숙해진다면 난리를 수습할 수 있겠으나 지금 같아서는 매우 걱정스럽소."

그래도 신립은 전혀 반성하거나 깨달은 기미가 없이 돌아가고 말았다.

선조 16년(1583). 신립이 온성 부사(穩城府使)로 있을 때의 일이었다. 배반한 오랑캐들이 종성(鍾城)을 포위했다. 그러자 신립이 달려가 구원하게 됐을 때 겨우 10명 남짓한 기병만으로 돌진했었다. 그러자 오랑캐들이 포위를 풀고 퇴각했다.

그 일로 조정에서는 신립이 대장될 만한 재주가 있다고 봐 북병사(北兵使)·평안병사(平安兵使)로 승진시켰다. 그리고 또 얼마 안 되어 자헌대부(資憲大夫 : 정2품 문무관−역주)의 벼슬을 내려 병조 판서로 삼고자 했다. 그 때문에 가지껏 기세가 뻗친 그는 마치 옛 중국 조나라의 조괄(趙括)이 진나라를 업신여기던 꼴이 되어 어떤 일에 당면하여 조금도 두려워하는 기색이 없었다. 그러한 그를 보는 많은 견식 있는 이들은 모두 그를 걱정하게 되었다.

4. 임금이 내리신 보검

임금께서 특명을 내려 경상 우병사 조대곤을 승지 김성일로 바꾸라 했다.

비변사에서 아뢰었다.

"김성일은 유신(儒臣)으로 이런 때 변방의 장수로 임무를 수행하기에는 적합하지 않사옵니다."

임금께서 윤허하지 않으셨다. 결국 김성일은 임지로 떠났다.

4월 13일, 왜적이 국경을 침범해 부산포를 함락시켰다. 그 싸움에서 첨사 장발(張撥)이 전사했다.

이에 앞서 왜국의 야나가와 시게노부와 승려이자 통역관이기도 한 겐소 등이 통신사와 함께 동평관에 머무르고 있을 때의 일이다.

비변사에서 황윤길과 김성일이 사적인 술자리를 마련했다. 그들을 위로하면서 슬며시 왜국의 사정을 묻고 정세를 살펴 방비할 계책을 세우는 게 좋겠다고 하자 임금께서 윤허하신 자리였다. 김성일과 이런저런 얘기를 하다가 겐소가 이렇게 말했다.

"명나라는 우리 왜국과 오랫동안 국교를 끊고 조공도 하지 않게 되었소. 그래서 도요토미 히데요시 왕이 몹시 불쾌해하고 있어요. 그래 싸움을 일으키려고 하니 조선에서 먼저 이 말을 명나라에 전해서 조공할 길이 트이게 된다면 조선에는 반드시 별일이 없을 것입니다. 우리 왜국 66주의 백성 또한 전쟁의 고통을 면하게 되는 것입니다."

이 말에 김성일은 명분에 어긋나는 일이라며 그들을 책망했다. 그리고 타이르기까지 했다. 그러자 겐소가 반박했다.

"옛날에는 고려가 원나라 군사를 인도해 우리 왜국을 공격했습니다. 이번 일로 전쟁이 일어나게 된다면 그건 우리 왜국이 고려의 원수를 갚는 당연한 일입니다."

겐소의 말투는 거칠었다. 그런 뒤 더 이상 아무런 말 없이 야나가와 시게노부와 겐소가 돌아갔다.

선조 24년(1591) 여름, 소 요시토시가 다시 부산에 들어왔다. 그는 변방을 지키는 장수에게 일갈했다.

"우리나라가 명나라와 국교를 맺으려는데 조선이 그것을 전해 주면 좋겠소. 만약 그러지 않는다면 두 나라 사이가 앞으로는 평화스런 분위기를 유지하지 못할 것이오. 그렇게 된다면 큰일이기 때문에 내가 이렇게 와서 알려 주는 것이오."

그 말을 들은 장수가 사실대로 위에 보고했다. 그러나 조정에서는 왜국과 통신한 것을 후회하는 의견들이 대부분인데다가 그들의 거친 태도에 화가 나 회답을 하지 않았다. 소 요시토시는 10여 일 동안 배를 댄 채 머물다가 불쾌감을 감추지 못하고 돌아갔다. 그런 일이 있은 뒤로는 왜국인들이 다시는 오지 않았다. 부산포 왜관(倭館)에 상주하고 있던 왜인들 수십 명이 빠져나가 한 건물은 텅 비다시피 되기도 했다. 그러자 사람들이 이상하게 생각하기 시작했다.

4월 13일, 왜적의 배가 대마도에서 우리 바다로 오며 바다를 뒤덮듯 했다. 그 끝이 보이지 않을 정도였다.

그때 부산 첨사(僉使) 정발은 절영도(絕影島)에 나가 사냥을 하고 있었는데 그 광경을 목격, 허둥지둥 성으로 돌아왔다. 바로 그 뒤를 수많은 왜적이 바싹 뒤따라와 육지에 올랐다. 사방에서 마치 구름처럼 몰려들었다. 삽시간에 사방에서 몰려든 구름 떼 같은 왜적들이 성을 에워쌌고 삽시에 성은 함락되고 말았다.

좌수사 박홍(朴泓)은 대규모인 적의 세력이 너무나도 강력해 군사를 움직일 엄두도 내지 못한 채 성을 버리고 도망쳤다.

적은 군사를 나누어 서평포(西平浦)와 다대포(多大浦)를 각기 함락시켰다. 그때 다대포 첨사 윤흥신(尹興信)이 장렬하게 전사했다. 병영에서 이 비보를 접하게 된 좌병사 이각(李珏)은 동래로 향하려던 중 부산이 함락되었음을 알고 망연자실한 상태였다. 그는 밖으로 나가 적을 방어하겠다는 핑계를 대고는 성에서 나와 소산역(蘇

山驛)으로 물러나 진을 치려 했다. 부사 송상현(宋象賢)이 함께 성을 지키자고 권했으나 그는 듣지 않았다.

4월 15일, 송상현은 동래 성곽 남문에서 왜적을 맞아 반나절 넘도록 병사들을 독려했다. 그러나 보람 없이 성이 함락되자 조복(朝服)으로 갈아입고 단정히 앉아 있다가 왜적의 칼에 사절(死節)되었다. 적들도 목숨을 내놓고 성을 지키려한 그를 가상히 여겨 시체를 관에 안치하여 성 밖에 묻고는 표지로 말뚝까지 박아 놓았다.

여러 성의 함락 풍문에 각지의 군(郡)·현(縣) 수장들이 달아나 어이없게 무너지기 시작했다. 박진(朴晉) 밀양 부사는 동래로부터 조속히 귀환해 좁은 작원(鵲院)의 길을 막고 적을 방어코자 했다. 그러나 양산(陽山)을 함락한 적이 작원으로 몰려 닥쳤다. 그는 그곳을 수비하는 우리 군사들을 지켜보았다. 좁은 길을 지키던 군사들은 산 뒤쪽으로부터 높은 곳으로 새까맣게 붙어서 올라오는 적들을 보자 모두들 흩어져 도망치기에 바빴다. 그 전황을 관찰한 박진은 급히 밀양으로 돌아가 병기와 창고를 불태운 뒤 성을 버리고 산으로 들어갔다.

재빨리 병영으로 돌아간 이각이 제일 먼저 한 일은 자신의 첩을 피란시킨 것이다. 그렇게 되자 성안의 인심이 흉흉해졌다. 백성은 물론 병사들도 당황하여 우왕좌왕이었다. 이각 또한 새벽녘에 도망쳤고 군사들도 뿔뿔이 흩어졌다.

이런 판국이니 왜적은 파죽지세로 여러 고을을 함락시켰다. 우리 병영에서는 어느 누구도 나아가 적들을 막으려 들지 않았던 것이다.

김해 부사 서예원(徐禮元)은 성문을 닫고 지켰다. 그러자 적군들은 성 밖 밭에서 벤 보릿단으로 참호를 메웠다. 잠깐 사이에 쌓은 보릿단의 높이가 성벽의 높이와 같아졌다. 그래서 어렵잖게 성안을 침범할 수 있었다. 그러자 초계(草溪) 군수 이모(李某)는 앞장서 도주했으며 서예원도 그 뒤를 따랐다. 성이 쉽사리 함락된 것은 당연한 일이었다.

순찰사 김수는 진주성에 있을 때 왜적이 침략했다는 소식을 접했다. 그래서 급히 동래로 달려가다 중도에서 이미 적군이 가까이까지 왔다는 소식을 듣고 더 앞으로 나갈 수 없었다. 그는 다시 우도(右道)로 돌아왔다. 어찌할 줄 모르고 있다가 겨우 진정하고 각 고을에 격문을 보냈다. 그리고 백성들에게 적을 피하라고 했다. 그렇게 되자 도내(道內)는 금세 텅 비게 되어 더욱더 어려운 지경이 되었다.

용궁(龍宮) 현감 우복룡(禹伏龍)이 군사를 거느리고 병영으로 가다 영천(永川) 어느 길가에서 식사를 하게 되었다. 그때 하양(河陽) 고을의 군사 수백 명이 그곳을 지나가기 시작했다. 방어사에 소속되어 북쪽을 향하는 행군이었다. 그런데 우복룡은 말에서 내리지 않는 군사들이 괘씸해 그들을 멈추게 해 소리쳤다. 혹 반란을 일으키는 군사가 아니냐고. 그러자 하양 군사들은 병사(兵使)의 공문을 꺼내 보였다. 그랬음에도 우복룡은 자기 군사들에게 신호해 그들을 포위하고 모조리 쳐 죽였다. 시체가 들에 가득했다.

더 어이없는 일은 순찰사 김수가 그 일을 공 세운 것이라며 조정에 보고했고 우복룡은 통정대부(通政大夫 : 공을 세운 문무관에게 내리는 정3품 작위 - 역주)로 승진되었다. 게다가 정희적(鄭熙積) 대신 안동(安東) 부사에 임명되었다. 그렇게 되자 하양 군사 유족, 고아와 과부들은 사신(使臣)이 올 때마다 길을 막고 말 머리에 붙어 서서 원통함을 호소했다. 그럼에도 우복룡의 명성이 올라 있었으므로 그 누구도 유족들의 사정을 들어주는 사람이 없었다.

4월 17일, 변방의 보고가 이른 아침 조정에 도착했다. 좌수사 박홍(朴泓)의 장계(狀啓)였다. 대신들과 비변사가 모두 빈청(賓廳 : 대신들과 비변사 당상관이 정무를 의논하는 곳 - 역주)에 모여 임금 뵙기를 청했다. 그런데도 허락되지 않았다. 그래서 임금께 다음과 같이 아뢰어 청했다.

이일을 순변사로 삼아 중부 지역을, 성응길(成應吉)을 좌방어사로 삼아 동부 지역을, 조경(趙儆)을 우방어사로 삼아 서쪽 지방으로 내려가게, 또 유극량(劉克良)과 변기(邊璣)는 조방장(助防將)으로 삼아 각기 죽령(竹嶺)과 조령(鳥嶺)을 지키도록, 겁이 많은 데다가 유학자인 경주 부윤 윤인함(尹仁涵)을 강계(江界) 부사 변응성(邊應星)으로 바꾸어 모두가 다 제각기 군관(장교)을 가려 뽑아 데리고 가도록 하자는 내용이었다.

그때였다. 부산이 함락되었다는 보고가 당도했다. 부산이 적군에게 포위되어 사람들의 통행도 불가능하다는 것이었다. 박홍이 올린 장계에는 '높은 곳에 올라가 바라보니 붉은 깃발이 성안에 가득한 것으로 보아 성이 함락된 것을 알았습니다'라고만 쓰여 있었다.

이일은 한양의 정예 군사 3백 명을 데려가려고 병조에서 선정한 문서를 보았다. 그러나 그들은 대부분 집에서 살림하는 사람들이거나 군사 훈련을 받지 못한 사람 또는 유생(儒生)들이었다. 할 수 없이 임시로 점검해 보았다.

관복 차림에 책을 든 유생들과 평정건(平頂巾 : 말단 관리들이 쓰는 두건-역주)을 쓴 사람이 거의 전부였다. 게다가 모두들 군사로 뽑히게 되는 것을 두려워하며 어떻게든 모면하려고 애를 썼다.

이일은 명령을 받은 지 3일이 지났지만 떠날 수가 없었다. 그러자 조정에서는 우선 혼자 떠나도록 했다. 그리고 별장(別將 : 우두머리 장수-역주) 유옥(俞沃)에게 군사를 거느리고 그 뒤를 따라가도록 했다.

나는 다음과 같은 장계를 올렸다.

'병조판서 홍여순은 임무를 다할 수 없으며 또 군사들의 원성이 자자하니 바꾸지 않을 수가 없습니다.'

이에 그를 대신하여 김응남을 병조판서, 심충겸(沈沖謙)을 병조참판으로 임명하게 되었다.

또 대간(臺諫 : 사헌부의 벼슬-역주)이 임금께 글을 올렸다.

'마땅히 대신들을 체찰사(體察使 : 병란이 있을 때 왕명으로 지방의 군무를 총괄함-역주)로 삼아 여러 장수들을 검찰하고 독려해야만 하겠습니다.'

이에 영의정이 나를 추천했으므로 나는 임금께 청해 김응남을 부체찰사로 삼았다.

전에 의주(義州) 목사를 지냈던 김여물(金汝山勿)은 원래 무술과 지략을 겸비한 사람인데 불미스럽게도 어떤 일에 연좌되어 옥에 갇혀 있었다. 나는 임금께 글을 올려 그의 죄를 용서하여 나를 따르도록 그리고 무사들 중에 비장(裨將 : 지휘관을 보좌하는 장수–역주)이 될 만한 인물 80여 명을 모집했다.

얼마 뒤, 정세가 위급하다는 보고가 잇달았다. 이미 밀양·대구를 지난 적의 선봉이 조령 아래까지 가까이 다가온다는 소식도 있었다.

내가 김응남과 신립에게 물었다.

"이미 적군이 깊이 들어온 위급 상황이오. 어쩌면 좋겠소?"

신립이 말했다.

"고립된 군대를 거느린 이일이 전방에 나가 있는데도 후원하는 군대가 없습니다. 이런 판국이니 체찰사께서 내려가신다 하여도 무장이 아니시니 별로 도움이 안 됩니다. 사정이 이러한데 어찌 용맹한 장수로 하여금 밤새워 내려가서 이일을 후원케 하지 않으십니까?"

신립의 말인즉 자기가 달려 나가 이일을 지원하겠다는 뜻이었다.

내가 임금을 뵙고 신립의 뜻을 아뢰었다. 임금께서 곧 신립을 불러 사실을 물으시고 그를 도순변사(都巡邊使 : 왕명으로 지방 군무를 총괄케 하는 특사–역주)로 삼았다.

신립이 대궐 밖에 나가 무사를 모집했다. 그러나 아무도 따라갈 사람이 없었다.

그때 나는 중추부(中樞府 : 문무 당상관의 대기소 – 역주)에서 떠날 준비를 하고 있었다. 신립이 내게로 왔다가 모집된 군사를 보더니 매우 노한 기색으로 김응남 판서를 가리키며 말했다.

"저런 분을 대감이 데려가 무슨 일에 쓰시겠다는 겁니까? 소인이 부체찰사가 되어 따라가겠습니다."

나는 무사들이 자기를 따라가지 않아 화가 난 것임을 알고 신립에게 웃으며 말했다.

"모두가 다 나라를 위한 일인데 어찌 이것저것 구분하겠소? 공의 출전이 급하니 먼저 내가 모집한 군관들을 데리고 떠나도록 하시오. 나는 다시 모집해 뒤따르겠소."

내가 군관들의 명단을 내어 주었다.

"이리들 오너라!"

신립이 무사들을 이끌고 나갔다. 그러나 무사들은 실의에 차 있었으며 같은 길을 떠나는 김여물조차도 마뜩잖은 기색인 듯했다.

떠나려는 신립을 임금께서 불러 보검(寶劍)을 내리시며 이르셨다.

"이일 이하의 장수 중에 그대의 명에 따르지 않는 자들은 이 칼로 목을 베거라!"

신립이 하직하고 물러났다. 그가 다시 빈청으로 가 대신들을 뵌 뒤 섬돌을 내려설 때 갑자기 그의 사모(紗帽)가 땅에 떨어졌다. 그걸 보고 사람들의 표정이 변했다. 또 용인(龍仁)에 닿아 그는 임금께 글을 올렸는데 거기에 자기 이름을 쓰지 않아 사람들은 혹시 그의 마음이 산란한 게 아닌가 의심하기도 했었다.

5. 우병사 김성일과 순변사 이일

경상우병사 김성일을 잡아 투옥시키려 했다. 그러나 한양에 닿기도 전에 그 죄를 용서하고 외려 초유사(招諭使 : 난리가 났을 때 백성을 소집하여 깨닫도록 하는 임시직 – 역주)로, 함안(咸安) 군수 유숭인(柳崇仁)을 병사(兵使)로 삼았다.

이보다 훨씬 앞서 김성일이 상주에 이르렀을 때, 적군이 벌써 국경을 침범했다는 소식을 접하게 되었다. 그는 밤낮없이 달려 본영으로 향하던 중 조대곤을 도중에서 만나게 되어 인장과 병부(兵符 : 병사를 일으켜 보낼 때 서로 나누어 갖는 신표 – 역주)를 교환했다. 적군이 이미 김해를 함락시키고 우도의 여러 고을을 분담해 노략질할 때였다. 김성일이 적군과 맞섰다. 그러자 장수와 병졸들이 달아나려고 했다. 김성일은 급히 말에서 내려 호상(胡床 : 높은 벼슬아치들이 승마할 때 편하게끔 올라 딛는 걸상 – 역주)에 앉아 꼼짝 않고 있다가 군관 이종인(李宗仁)을 불러 말했다.

"용사인 너는 적을 보고 먼저 물러서서는 안 된다!"

바로 그때 적병 하나가 쇠탈을 쓴 채 칼을 휘두르며 뛰어들었다.

이종인이 급히 말을 달려 활을 쏘아 죽였다. 그 바람에 숱한 적병이 뒤로 물러나 달아났다. 그리고 감히 진군하지 못했다.

김성일은 흩어진 군사를 불러 모았다. 여러 고을로 격문을 보내고 수습 대책을 세우기도 했다.

그때 임금께서 김성일이 왜국 통신사로 다녀와서 왜적이 쉽게 침범해 오지 못할 것이라고 말해 민심을 해이케 하고 국방력을 소홀하게 했다며 의금부도사(義禁府都事 : 왕명으로 죄인을 추국하는 종5품 벼슬－역주)를 보내 잡아들이게 했다. 일이 크게 잘못될 조짐이었다.

김성일이 잡혀간다는 소식을 접한 감사 김수가 길가로 나가 작별했다. 그러나 김성일의 언사와 안색에 의기가 복받쳐 비통함을 느끼게 했다. 그래도 자기 자신의 일에 관련해서는 한마디도 하지 않았다. 오직 김수에게 있는 힘껏 적을 물리치라고 격려했을 따름이었다. 그런 태도에 늙은 아전 하자용(河自蓉)이 '자기 죽을 것은 걱정치 않고 나라 일만 근심하니 참으로 충신이오' 하고 감탄했다.

김성일이 직산(稷山)에 당도했을 때 임금께서는 노여움이 풀려 그에게 경상도의 사민(士民)들 인심을 얻는 재주가 있음을 알았다. 그리하여 그의 죄를 용서하고 경상우도의 초유사로 삼았다. 그에게 도내의 백성들을 깨우쳐 일어나 나라를 위해 군사(軍使)로서 적을 토벌케 하라는 임무를 부여한 것이다.

이때 유승민은 전공이 인정되어 등급을 뛰어넘어 병사(兵使)로 임명되었다.

첨지 김늑(金玏)은 경상좌도 안집사(安集使 : 백성을 불러 모으고 안심시키는 벼슬−역주)로 임명했다.

감사 김수는 경상우도에 있었다. 그때 적병들이 가로막고 있었으므로 좌도와의 연락이 끊어진 상태였다. 그리하여 수령들은 모두 관직을 버리고 달아났고 그에 따라 민심은 마냥 해이해졌다.

이것을 안 조정에서는 김늑이 영천(榮川 : 영주의 옛 이름−역주) 출신이므로 민정(民情)을 잘 파악하고 있을 테니 그 혼란을 능히 수습하리라 믿어 임금께 아뢰어 보내도록 했다.

김늑이 임지에 닿았다. 그러자 좌도 백성들이 조정의 영(令)을 듣고 차츰차츰 모여들었다. 영천(영주) · 풍기 두 고을에는 적군의 침입이 없었다. 그 때문인지 크게 의병이 일어났다.

한편 왜적은 상주를 함락시켰다. 패전한 순변사 이일은 충주로 퇴각했다. 사실은 애초에 경상도 순찰사 김수는 난리가 터졌다는 소식에 제승방략의 분군법(分軍法)에 따라 고을마다 공문을 보냈다. 각기 소속 군사를 거느리고 약속한 장소에 집합 · 주둔한 뒤 한양에서 내려올 장수를 기다리라는 내용의 공문이었다.

문경 남쪽 고을 수령들은 그 공문대로 자기네 소속 군사를 거느리고 대구로 나아가 냇가에서 노숙하며 순변사가 오기를 기다렸다. 며칠이 지나도록 순변사는 나타나지 않았다. 게다가 적군은 점점 가까이 밀려닥치므로 많은 군사들이 당황하여 동요하기 시작했다.

그런 판인데 큰 비까지 내렸다. 병사들이 흠뻑 젖었음은 물론 양식까지 떨어지고 말았다. 그러자 병사들은 밤을 틈타 도망쳤고 수령들도 말을 달려 빠져나갔다. 순변사 이일이 문경에 도착한 것은 바로 이때였다. 이미 고을은 텅텅 비었고 단 한 사람도 보이지 않았다.

이일은 손수 창고의 곡식을 내어 거느리고 온 군사들을 먹이고 함창(咸昌)을 거쳐 상주에 닿았다. 상주 목사 김해(金澥)는 순변사를 출참(出站 : 곡식이나 말 등 편의를 제공하기 위한 역 – 역주)에서 기다리겠다고 거짓말을 하고 산속으로 도망치고 말았다. 그렇게 되자 판관(判官) 권길(權吉)만이 홀로 고을을 지키게 됐다.

이일은 병사가 한 명도 없는 것을 보고 권길을 책망한 끝에 뜰에서 목을 베려 했다. 그러자 권길은 어떻게 해서든 병사들을 모아 오겠다고 애원하고 밤새도록 여러 마을을 누비고 다니며 수백 명을 데리고 아침에야 나타났다. 그러나 모두가 농민이었다.

그러고 있는 사이 적군은 벌써 선산(善山)에까지 몰려 닥쳤다. 저녁 무렵이 되자 개령현(開寧縣) 주민 하나가 나타나 왜적이 아주 가까이 왔음을 알렸다. 그 말에 이일은 여러 사람의 마음을 혼란스럽게 한다며 목을 베려 했다. 그러자 그가 외쳤다.

"원컨대 나를 가두어 두었다가 내일 아침까지 적군이 진격해 오지 않거든 그때 죽이십시오!"

그날 밤, 적군은 장천(長川)까지 진격해 와 진을 치고 있었다. 상주와의 거리는 20리밖에 떨어지지 않은 곳이었다. 그런데도 이일의 군중에는 척후병이 없었기 때문에 그 사실을 몰랐던 것이다.

이튿날 아침, 적군이 상주에 닿지 않자 개령 주민을 옥에서 끌어내 목을 베고 그것을 여러 사람들 앞에 돌려 가며 보였다. 그러고 나서 곧 뽑아낸 민군(民軍)과 한양에서 내려온 장졸(將卒)들을 모두 합치니 8~9백 명의 부대가 되었다. 북천(北川) 냇가에 그들을 데리고 가 진(陣) 치는 법을 가르쳤다.

산을 등진 위치에 진을 치고 진 한가운데에다 대장기를 세웠다. 그 큰 깃발 아래에 갑옷을 입고 말을 탄 이일이 자리했으며 종사관 윤섬(尹暹)·박지(朴篪), 판관 권길과 찰방 김종무(金宗武) 등은 말에서 내린 채로 이일의 뒤에 죽 늘어섰다.

얼마쯤 뒤, 몇 사람이 숲 속에서 나오더니 서성이다 이내 사라졌다. 그것을 목격한 사람들이 많았다. 그들은 적의 척후병이 정탐하고 돌아간 것이라는 생각들을 했으나 목이 잘린 개령 주민의 일이 있은 터라 모두 입을 열지 못했다.

이일이 성안을 바라보니 여기저기서 연기가 피어오르고 있었다. 그래서 그제야 군관을 보내 탐지케 했다. 말을 탄 군관은 역졸 두 명에게 고삐를 잡도록 하고 천천히 갔다. 다리 밑에 숨어 있던 적군 하나가 조총을 쏘아 군관을 말에서 떨어뜨리고 그 머리를 베어 가지고 달아났다. 그것을 본 우리 군사들은 기가 꺾일 대로 꺾였다.

얼마 지나지 않아 대부대의 적군이 몰려와 10개의 조총으로 마구 쏘아 댔고 총에 맞은 사람들은 그 자리에서 즉사했다.

이일이 급히 군사를 재촉해 활을 쏘게 했다. 아군의 화살은 겨우 수십 리밖에 나가지 못했다. 적군은 좌·우익으로 군대를 나눠 깃발을 나부끼며 우리 군부대의 뒤를 돌아 양쪽에서 포위하고 밀려 닥쳤다. 이렇듯 전세가 크게 불리해지자 다급해진 이일은 말을 돌려 북쪽으로 달아났다. 크게 혼란해진 군사들도 각기 제 목숨을 부지하려고 도망치기에 바빴다. 살아서 도망질에 성공한 군사는 몇 명에 지나지 않았다. 종사관을 비롯해 미처 말을 타지 못한 이들은 거의 왜적에게 살해되었다.

왜적은 도망치는 이일을 계속 뒤쫓았다. 어쩔 수가 없는 이일은 말을 버리고 갑옷도 벗어 던졌다. 그리고 머리를 풀어 헤쳐 변장을 하고 알몸으로 도망쳤다.

가까스로 문경에 닿게 된 그는 급히 종이와 붓을 구해 패전 상황을 임금께 적어 올렸다. 그리고 나서 조령을 지키려다가 신립이 충주에 있다는 말을 듣고 그리로 달려갔다.

6. 안타깝기만 한 조령(鳥嶺) 전투

조정에서는 우의정 이양원(李陽元)을 수성대장(守城大將 : 성을 지키는 대장 – 역주)으로, 이전(李戩)·변언수(邊彦琇)를 각기 도성의 좌·우 위장(衛將)으로 삼았다. 그리고 박충간(朴忠侃)을 순검사로 임명해 도성을 지키게 했으며 부모의 상을 당해 벼슬자리를 떠나 있던 김명원(金命元)을 불러들여 도원수로 임명, 한강을 지키게 했다.

이때 이일이 패했다는 보고가 들어왔고 그것이 소문으로 번져 민심이 흉흉해졌다. 궁중에서는 천도하자는 의견까지 나왔으나 백성들은 그것까지 알 수가 없었다.

임금의 마필 관리 책임자인 김응수(金應秀)가 빈청으로 와 영의정과 귀엣말을 주고받다가 나가더니 다시 와서 또 그랬다. 모두들 이상하게 여겼다. 당시 영의정은 사복시(司僕寺 : 임금의 가마·마필·목장 등을 관리하는 관청-역주)의 최고 책임자이기도 했기 때문이다.

도승지 이항복(李恒福)이 손바닥에다 '立馬永康門內(입마영강문내)' 여섯 글자를 써서 내게 보여 주었다(영강문 안에 말을 세우라는 뜻임-역주).

대간은 영의정이 나랏일을 그르쳤다며 파면하라고 탄핵했다. 임금께서는 듣지 않았다. 종친들이 합문(閤門 : 임금이 평상시에 거처하는 편전 앞의 문-역주) 밖에 모여 통곡하며 '도성을 버리지 마십시오' 하고 애원했다.

영중추부사 김귀영(金貴榮)은 아주 분개하여 대신들과 함께 임금을 뵙고 도성을 굳게 지켜야 함을 간청한 뒤 이어 아뢰었다.

"도성을 버리자는 의론을 주장하는 자들은 곧 소인배입니다."

임금께서 교지를 내리셨다.

"종묘(宗廟)와 사직(社稷)이 이곳에 있거늘 내 어디로 간단 말인가!"

여러 대신들이 드디어 물러났다. 그러나 정세는 더 심각해지고 말았다.

여러 마을의 백성들과 관청이나 사가의 종복들, 신분이 낮은 관리와 질병 치료를 맡은 공직자들을 뽑아 모아 성가퀴(성 위에 낮게 쌓은 담－역주)를 나누어 지키게 했다. 성가퀴는 3만 개도 넘었지만 지킬 인원은 7천 명뿐이었다. 그들도 실은 오합지졸이며 모두들 여차하면 성벽을 넘어 도망칠 궁리만 하고 있었다.

각 지방에서 뽑혀 올라와 한양의 군대를 돕는 군사들도 비록 병조(兵曹)에 소속된 군사라고는 하지만 그들은 그들대로 말단 관리들과 결탁하여 농간을 부려 뇌물을 바치고는 사사로이 풀려났다. 그 수가 놀랄 만치 많았다. 또 관원들은 그러거나 말거나 입을 다물고 있었다. 남은 군사들은 위급한 상황이 되면 쓸모없는 무리에 지나지 않았다. 통탄스럽게도 군정(軍政)의 해이함이 이런 지경에 이르렀던 것이다.

이에 대신들은 왕세자를 앞세워 민심을 수습할 것을 청했다. 임금께서는 그 계청에 따랐다.

동지춘추부사 이덕형(李德馨)을 왜적 진영에 사자(使者)로 보냈다.

상주 전투에서 패할 때, 왜학통사(倭學通事 : 왜나라 말의 통역관－역주) 경응순(景應舜)이 이일의 부대에 있다가 적군의 포로가 된 일이 있었다. 그때 왜장 고니시 유키나가가 도요토미 히데요시의 글과 예조에 보내는 글을 경응순에게 주어 보냈다. 그 내용은 이러

66

했다.

'동래에 있을 때 울산 군수를 사로잡아 도요토미 히데요시 왕의 뜻을 전한 서신을 보냈음에도 어찌 지금까지 아무런 회답이 없는가. 그 군수는 이언함(李彦誠)인데 죄를 뒤집어쓸까봐 두려워서 스스로 적진을 탈출했다며 그 서신을 전하지 않은 것이다. 그러므로 조선 조정에서 그런 모든 일들을 몰랐을 것이라고 생각한다. 그러니 조선이 우리와 강화할 의사가 있으면 오는 25일 이덕형을 충주로 보내 서로 만나기를 바란다.'

왜군 측에서 이덕형을 지명한 것은 그가 지난해 선위사(宣慰使 : 외국 사신들이 입국했을 때 그들을 위문하기 위해 파견하는 관리 – 역주)로서 왜국 사신을 접대한 일이 있었기 때문에 고니시 유키나가가 그를 만나려는 것이었다.

경응순이 조정에까지 도착했으나 그때는 위급한 상황인지라 좋은 방책을 세울 수가 없었다. 단지 혹 이 일로 왜적의 진격을 늦출 수도 있을지 모른다는 정도의 생각뿐이었다.

이덕형은 자기가 가겠노라고 청했다. 그러자 조정에서는 예조에서 작성한 답서를 지닌 경응순과 함께 가도록 했다. 가던 도중 이덕형은 이미 충주가 적의 수중에 들어가고 말았다는 전황을 보고받았다. 그는 경응순에게 먼저 가서 탐지토록 했다. 그런데 경응순은 살해당하고 말았다. 그가 적장 가토 기요마사에게 죽임을 당했음을 알게 된 이덕형은 하릴없이 되돌아오고 말았다. 그리고 그때 임금이 계신 평양으로 가 복명했다.

형혹(熒惑 : 화성)이 남쪽의 두성(南斗 : 제왕의 수명을 맡는다는 남쪽 별자리 – 역주)을 침범했다.

경기 · 강원 · 황해 · 평안 · 함경 등 다섯 도의 군사들을 징발해 한양으로 들어와 구원하게끔 명했다.

또 이조판서 이원익(李元翼)을 평안도 도순찰사, 지중추부사 최흥원(崔興源)을 황해도 도순찰사로 임명해 그 날로 떠나게 했다.

장차 임금의 서쪽 순행(巡幸 : 피란) 길에 대비한 처사였다. 왜냐하면 전에 안주(安州) 목사로 있었던 이원익이나 황해 감사를 지냈던 최흥원, 이 두 사람은 그때 모두 어진 정사를 펴 백성들의 신망을 크게 얻었기 때문이었다. 그러니 그들을 미리 보내어 군민들을 다독이고 타이른다면 임금의 순행이 그만치 순조로워질 것은 당연한 일이었다.

한편, 충주 전투 때의 일이었다.

적병이 충주에 침입하자 맞서 싸우던 신립이 죽고 말았다. 그의 죽음으로 우리 군사들이 크게 무너졌다. 그가 죽기 전에는 충청도 여러 고을에서 모여든 군사들이 8천여 명이나 되었었다.

신립은 조령을 지키려 했으나 이일의 대패 소식을 접하게 되자 그만 의기가 크게 떨어져 충주로 되돌아오고 말았다. 그는 이일과 변기를 충주로 불러들였다. 그리고는 험준한 요새, 조령 같은 곳을 버려두고 여기저기서 병사들에게 소리쳐 내리는 명령 또한 일관성이 없어 많은 사람들은 이미 패전을 예감했었다.

27일 초저녁, 친근한 군관이 다가와서 적군이 이미 조령을 넘었다고 일러 주었다.

신립은 급히 성 밖으로 뛰어나갔다. 군중들은 매우 소요스러웠다. 신립이 어디 있는지 아무도 몰랐었다. 그런데 밤이 깊어지자 몰래 객사(客舍 : 방문한 관리들을 접대하여 묵게 하는 곳 ─ 역주)로 돌아왔다. 그리고 이튿날 아침이 되자 자기에게 적이 조령을 넘었다고 일러 준 군관을 불러들였다. 거짓 보고를 했다며 목을 베고 난 뒤 임금께 글을 올렸다. 적군이 아직 상주를 떠나지 않았다고. 그는 적군이 10리 안까지 와 있는 것을 몰랐던 것이다.

신립은 군사를 거느리고 탄금대로 향했다. 그리고 탄금대 앞 두 강 줄기 사이에 진을 치게 했다. 그곳은 왼쪽이 논밭이었고 물과 풀이 서로 얽혀 말도 사람도 달릴 수가 없었다.

얼마 후 적군이 단월역(丹月驛)에서 두 패로 나뉘어 쳐들어왔다. 그 기세는 마치 질풍노도와 같았다.

한 패는 산을 따라 동쪽으로, 또 한 패는 강을 따라 내려왔다. 적군의 총성이 땅을 진동했고 먼지가 하늘을 뒤덮었다.

신립은 크게 당황하여 말을 마구 채찍질해 적진으로 돌진하려 했으나 여의치 않았다. 두 번이나 시도했으나 허사였다. 적진 돌파가 어렵자 되돌아오며 강물에 뛰어들어 죽고 말았다. 숱한 군사들도 그 뒤를 따라 강물에 몸을 던졌다. 강물을 뒤덮은 시체가 유유히 떠내려갔다.

김여물도 우왕좌왕하는 군사들 속에서 죽었다. 그러나 이일은 동쪽 산골짜기에서 빠져나와 도망쳤다.

이런 패전이 있기 전의 일이다. 적병이 매우 강성하다는 보고를 받은 조정에서는 이일 혼자의 능력으로는 감당키 어려울 것이라 염려했다. 그러나 신립은 당대의 명장이었으므로 사졸들도 두려워 복종하는 편이니 그로 하여금 대부대를 이끌고 뒤따라가게 한다면 두 장수가 합심해 무난히 적을 격퇴할 수 있다고 믿었었다.

실은 조정의 그런 계책이 잘못된 것은 아니었다. 그럼에도 경상 도의 수군과 육군의 여러 장수들이 불행하게도 모두 겁쟁이였기 때문에 참담한 패전의 결과를 초래했던 것이다.

해로를 방비하던 좌수사 박홍은 군사를 한 명도 출동시키지 않았고, 우수사 원균(元均)은 뱃길이 좀 멀다고는 하나 많은 배를 거느리고 있었다. 적군은 또 단 하루 동안에 몰려 닥친 것이 아니므로 우리가 군대를 총동원해 진출해서 우리 군의 위세를 떨쳤더라면 적군은 후방이 염려스러워 내륙 깊숙이 쳐들어오지는 못했을 것이다. 그럼에도 우리 군대는 적군을 바라만 보고 있다가 먼저 피하곤 하여 한 번도 서로 싸우지 않았다.

적군이 뭍에 오르자 좌병사 이각, 우병사 조대곤은 도망가거나 교체되었다. 적군은 북을 치며 거침없이 진군했다. 방어 세력이 없는 땅 수백 리를 밤낮없이 짓밟으며 북쪽을 향해 진군했다. 그럼에도 어느 한 곳에서도 진격하는 적군을 방어하려는 군사가 없었다.

10여 일도 채 안 되어 적군은 상주에 이르렀다. 이일은 다른 곳에 있던 장수였으며 휘하의 군사도 없는 터라 졸지에 적군을 만나게 되니 진실로 절망적인 상태가 되고 말았다. 신립이 충주에 이르기 전, 이일은 먼저 패전했으므로 그 이외에도 의지할 만한 곳이 없었다. 이렇게 됨으로써 전 군의 전세를 크게 그르치게 된 것이니 어찌 원통한 일이 아닐 수 있으랴.

뒤에 들어서 알게 된 일이지만 적군은 상주 땅을 밟게 되고서 외려 험한 지형을 지나야 할 것 때문에 무척 두려워했다고 한다.

문경현(聞慶縣)에서 남쪽으로 10리 밖에 고모성(姑母城)이라는 옛 성이 있었다. 우도와 좌도의 경계 지역이다. 그곳은 양쪽 산 벼랑이 한데 묶인 듯 싸여 있고 큰 내가 그 가운데로 흐르며 그 아래 길이 나 있다. 적군은 그곳을 지키는 우리 부대가 있을까 두려워 병사를 시켜 두세 번씩 정탐해 본 뒤에야 아무도 없는 것을 알게 되자 비로소 노래 부르고 춤추며 지나갔다고 했다.

그 훨씬 뒤, 명나라 장수 이여송(李如松)이 왜적을 추격하며 조령을 넘다가 탄식하며 말했다.

"이렇듯 험준한 곳이 있음에도 이걸 이용해 지키질 못했다니, 신 총병(신립을 가리킴 – 역주)은 참으로 꾀가 없는 사람이구나."

실은 날쌔고 용감한 것으로 당시 이름이 높았었으나 용병술이나 작전에는 능하지 못했다.

'장수가 군사를 쓸 줄 모른다면 그것은 곧 나라를 적에게 내어주는 것과 다르지 않다[將不知兵 以其國與敵]'는 옛 사람의 말이 있다. 이제 와서 후회한들 무슨 소용이 있단 말인가. 그렇지만 뒷날 우리 후손들에게는 경계가 되겠기에 여기에 상세히 기록해 둔다.

7. 파천(播遷) 길에 비까지 퍼붓고

4월 30일, 임금께서 파천(播遷)의 길을 떠난 것은 새벽녘이었다.

신립이 출전한 이후 한양에서는 모든 사람들이 승전보만을 기다리고 있었다. 그런데 4월 29일 저녁답에 전립을 쓴 세 사내가 말을 달려 숭인문으로 들어왔다. 모두들 앞다퉈 전쟁 소식을 묻자 그들이 대답했다.

"우리는 신립 순변사의 노복이오. 순변사께서는 어제 충주 전투에서 패전하여 돌아가셨소. 우리 부대가 크게 무너졌고 우리들은 간신히 목숨을 부지해 이렇게 올 수가 있었소. 빨리 집안 사람들에게 알려 피란을 시켜야겠소."

그들의 말을 듣고 크게 놀라 급히 그 말을 퍼뜨렸다. 그리고 얼마 지나지 않아 도성 안이 발칵 뒤집혔다.

그날 이른 저녁 때, 임금은 정승들을 불러 피란할 일에 대한 논의를 했다. 동쪽 바깥채로 나오신 임금께서는 촛불이 밝혀진 마루에 앉으셨다. 그 옆에는 친족인 하원군(河源君)과 하릉군(河陵君)이 있었다.

대신이 아뢰었다.

"사세가 이렇게 되었으니 임금께서 잠시 평양으로 가셔서 명나라에 군사를 청하여 수복을 도모하옵소서."

사헌부 관리(장령掌令)인 권협(權俠)이 뵙기를 청해 임금 무릎 가까이까지 다가갔다. 그리고 큰 소리로 반드시 한양을 지켜야 한다고 외쳤다. 매우 떠들썩해 내가 말했다.

"비록 위급하고 혼란스러운 때이긴 하지만 군신 간의 예의는 지켜져야 하오. 그러니 잠시 물러가서 장계로써 아뢰도록 하시오."

그래도 권협은 계속 부르짖었다.

"좌상께서 그런 말씀을 하신다면 좌상께서도 이 한양을 버리겠다는 말씀입니까?"

내가 임금께 아뢰었다.

"권협의 말은 매우 충성스럽지만 그렇더라도 사세가 급박하여 그러지 않을 도리가 없사옵니다."

이 말끝에 다시 의견을 달았다. 왕자들을 여러 도(道)로 나누어 보내 근왕병(勤王兵 : 임금을 위한 군사 - 역주)을 모집하도록 하고 세자는 임금을 수행토록 하자는 것이었다. 그래서 그 의논이 정해졌다.

대신들이 합문 밖으로 나가 어명을 받았다. 함경도로 가는 임해군(臨海君)에게는 영부사 김귀영과 칠계군(漆溪君) 윤탁연(尹卓然)이 따르게 했다. 또 강원도로 가는 순화군(順和君)은 장계군(長溪君) 황정욱(黃廷彧), 호군(護軍) 황혁(黃赫) 그리고 동지중추부사 이기(李墍)가 수행하도록 했다. 황혁의 딸이 순화군의 부인이고 이기는 원주 사람이었기 때문에 그리됐던 것이다.

또 우의정 이양원을 임금이 궁궐을 비울 때 도성을 지키는 유도대장(留都大將)으로 임명하고, 영의정 이산해와 정3품 이상의 신하들은 모두 임금을 수행하기로 했다.

나에게는 아무런 분부가 없었다. 그러자 승정원에서 아뢰었다.

"임금을 수행하는 신하들 가운데 유모(柳某 : 유성룡 – 역주)가 따르지 않을 수 없습니다."

결국 나 또한 임금을 수행키로 되었다.

"도성을 비울 수는 없는 일이옵니다!"

내의(內醫) 조용선(趙英璇)과 승정원의 신덕린(申德獜) 등 10여 명이 큰 소리로 외쳤다. 그런 일이 있고 얼마 뒤 이일의 장계가 도착했다. 그러나 궁중을 지키는 군사들조차 뿔뿔이 흩어져 이미 텅텅 비어 있었다. 밤에는 시간을 알리는 소리도 나지 않았다.

겨우 선전관청(宣傳官廳) 사람이 횃불을 구해 이일의 장계를 읽게 되었다. 금명간에 왜적이 한양으로 들이닥칠 것이라는 내용이었다.

임금의 가마가 대궐 밖으로 나가자 호위하던 내금위 · 우림위 · 겸사복의 군사들은 숨고 달아나느라고 어둠 속에서 서로 부딪쳤다.

우림위(羽林衛)의 지귀수(池貴壽)가 지나가기에 내가 그를 알아보고 임금을 수행하라고 책망했다.

"물론입니다. 온 힘을 다하겠습니다."

이렇게 말하고 난 그는 어디에서인지 두 명을 데리고 와 호종 대열에 끼었다.

경복궁 앞을 지날 때 길 양쪽에서 백성들의 울음소리가 들려왔다. 외교 문서를 맡아보는 서원(書員) 이수겸(李守謙)이 내 말고삐를 잡으며 물었다.

"승문원(承文院 : 외교 문서를 맡은 관청 – 역주)의 문서들은 어찌해야 합니까?"

내가 아주 중요한 문서들만 추려서 뒤좇아 오라고 했다. 그러자 그는 울면서 떠났다.

돈의문을 나와 사현(沙峴 : 홍제동 근처)에 이르렀을 때 동녘 하늘이 부윰해지고 있었다. 도성 안을 돌아다보니 남대문 쪽 창고에 불이 나 불꽃과 연기가 치솟고 있었다.

비가 내리기 시작한 것은 사현을 넘어 석교(石橋)에 이르렀을 때다. 그때 경기 감사 권징(權徵)이 뒤따라와 호종했다. 벽제역에 닿았을 때는 비가 더욱 심해졌다. 일행의 옷이 함빡 젖었다.

임금께서 역에 들러 잠시 쉬셨다가 다시 떠났다. 관원들 중에 다시 도성으로 되돌아가는 자가 많았고 시종과 대간들까지 뒤처지는 수가 늘어났다.

혜음령(惠陰嶺)을 지날 때는 비가 퍼붓듯 쏟아졌다. 허약한 말을 탄 궁인(宮人)들은 물건으로 얼굴을 가리고 소리 내어 울었다.

마산역(馬山驛 : 파주시 교하 – 역주)을 지날 때는 밭에서 일하던 백성들이 통곡하며 소리쳤다.

"조정에서 우리를 버리고 떠나시니 우리 같은 사람들은 이제 누굴 믿고 살아야만 합니까?"

임진강에 닿았어도 비는 그치지 않았다.

임금께서는 영의정과 나를 배 안으로 불러들여 입대(入對 : 임금 자문에 응함 - 역주)하도록 했다.

어두워져 사물을 분간키 어려울 때 강을 건넜다. 임진강 남쪽 기슭에는 옛날에 세운 승청(丞廳 : 나루를 관리하는 관청 - 역주)이 있었다. 적군이 들이닥쳐 청사를 허물고 그 재목으로 뗏목을 지어 강을 건널까 염려스러워 불을 지르도록 했다. 그 불빛이 강 북쪽까지 비치어 길을 찾아가기가 수월했다.

밤 여덟 시쯤 동파역(東坡驛 : 현 파주시 동파리 - 역주)에 닿았다. 파주 목사 허진(許晉)과 장단 부사 구효연(具孝淵)이 임금을 접대키 위한 관원을 그곳으로 오게끔 해 음식을 장만하게 하고 있었다. 임금께 올릴 간략한 음식을 만들고 있는데 하루 종일 굶은 호위병들이 마구 들어와 닥치는 대로 집어 먹었다. 임금께 올릴 것조차 없어지자 겁이 난 허진과 구효연이 도망치고 말았다.

5월 1일 아침, 임금께서 대신들을 불러 물으셨다.

"남녘 지방을 지키는 순찰사 가운데 나랏일에 힘쓰고자 하는 자가 있는가, 없는가?"

날이 어두워진 뒤, 임금께서는 개성으로 떠나려 하셨다. 그런데 경기도의 아전과 군졸들이 모두 도망쳐 호위할 사람이 없었다.

때마침 황해 감사 조인득(趙仁得)이 황해도 군사를 데리고 왔다. 이에 조금 앞선 때에는 서흥(瑞興) 부사 남의(南嶷)가 군사를 거느리고 도착해 있었다. 그래서 수백 명의 군사와 50~60필의 말이 되었다. 임금께서 길을 떠날 수가 있게 된 것이다.

떠날 때 사약(司鑰 : 대전이나 관문 열쇠를 관장하는 벼슬－역주) 최언준(崔彦俊)이 아뢰었다.

"궁중 사람들은 어제도 먹질 못했고 또 오늘도 그렇습니다. 하오니 좁쌀이라도 구해 허기를 면하게 해야만 걸을 수가 있습니다."

남의의 군사가 가진 쌀과 좁쌀을 덜어 두세 말쯤 되는 것을 가지고 안으로 들어갔다.

낮에 초현참(招賢站)까지 갔다. 조인득이 임금을 배알코자 왔다. 길 가운데다 장막을 둘러치고 맞이했다. 그는 밥을 가지고 온 것이다. 그래서 많은 관원들이 밥을 먹게 되었다.

저녁에 개성부에 이르렀다. 임금께서는 남문 밖 관아에 거처하셨다.

대간들이 번갈아 글을 올렸다. 영의정 이산해가 궁인(宮人)들과 결탁해 나랏일을 그르쳤다는 죄를 탄핵하는 내용이었다. 그러나 임금께서는 윤허하지 않으셨다.

2일, 다시 대간의 탄핵이 있었다. 영의정이 파직되고 내가 그 자리에 승진하게 되었다. 최흥원이 좌의정, 윤두수가 우의정 그리고 함경북도 병사(兵使) 신할(申硈)을 경질하여 오게끔 했다.

그날 낮, 임금께서 남성(南城) 문루에 올라 백성들을 위로하고 타이르셨다. 그런 다음 각자 마음에 둔 말을 하라고 하셨다. 그러자 한 사람이 나와 엎드렸다.

임금께서 무슨 말이냐고 물으셨다.

"원컨대 정승 정철을 불러 쓰심이 좋을까 하옵니다."

당시 정철(鄭澈)은 강계(江界)에서 귀양살이를 하고 있었기 때문에 그가 그런 말을 했던 것이다.

임금께서는 알았다고 하신 뒤 곧바로 정철을 행재(行在 : 임금의 임시 거처 - 역주)로 오게 했다.

저녁 때 환궁하셨다. 그날 나는 나라 일을 그르쳤다는 죄목으로 파면됐다. 또 유홍(兪泓)을 우의정으로, 최흥원을 영의정으로 그리고 윤두수를 좌의정으로 차례차례 승진시켰다.

왜적이 아직은 한양에 들어오지 않았다는 소식이 왔다. 그러자 여럿이 모두들 한양을 떠나온 것이 후회스럽다고 의견을 모았다. 또 그것이 조정의 실책이었다며 나를 탓했다. 나는 승지 신잡(申磼)을 보내 한양의 사정을 알아오게 했다.

3일, 왜적이 한양에 밀어닥쳤다. 그리하여 유도대장이 되어 도성을 지키고 있던 이양원과 원수(元帥) 김명원이 달아나고 말았다.

맨 처음 왜적은 동래에서 세 부대로 나뉘어 북진했다. 그중 한 부대는 양산·밀양·청도·대구·인동·선산을 거쳐 상주에 닿아 이일의 군사를 패퇴시켰다. 또 한 부대는 경상좌도의 장기·기장을 지나 좌병영(左兵營)인 울산·경주·영천·신녕·의흥·군위·비안을 차례로 점령하고 용궁의 하풍진(河豊津)을 건너 문경으로 쳐들어왔다. 그리고 그 부대는 중앙으로 북진한 부대와 합세, 조령을 넘어 충주에 이르렀다. 합세했던 부대는 충주에서 다시 나뉘어 한 부대는 여주로 와 강을 건넌 다음 양근에서 용진을 건너 한양 동쪽을 점령했다. 다른 부대는 죽산과 용인을 거쳐 한강 북쪽을 점령했다.

중부를 택한 부대는 김해 · 성주 · 무례현(茂灃縣)으로 와서 지례 · 금산 · 영동 · 청주를 함락시켰다. 그리고 경기도로 쳐들어왔다. 그 왜적 부대의 깃발과 창 · 칼은 천 리에 뻗쳤고 총소리 또한 몸서리치게 요란했다.

왜적은 지나는 곳마다 10리 혹은 50~60리 간격을 두고 험준한 곳을 골라 영루(營壘)를 세워 지키도록 했다. 그리고 각 영루에서는 밤마다 횃불로 서로 호응케도 했다.

제천정(堤川亭)에 있던 도원수 김명원은 적군이 밀려들자 감히 맞서 싸울 생각도 못했다. 그는 오히려 병기와 화포, 기계들을 몽땅 강물에 쓸어 넣었다. 그가 평상복으로 갈아입고 도망치려 할 때 종사관 심우정(沈友正)이 극구 말렸다. 그는 끝내 듣지 않았다.

이양원은 도성 안에서 한강을 지키던 군사들이 모두 흩어졌다는 보고를 받자 도성을 지킬 수 없다는 생각에 양주(楊州)로 달아났다.

일찍이 강원도 조방장 원호(元豪)는 수백의 군사를 거느리고 여주 북쪽 언덕을 지키고 있었다. 적군은 감히 건너올 생각을 못해 며칠 동안이나 대치 상태를 유지했다. 그런데 얼마 뒤 강원도 순찰사 유영길(柳永吉)이 격문을 보내 강원도로 불러들였다.

때를 엿보던 적군은 민가와 관사를 헐고 그 재목으로 엮은 뗏목으로 강을 건너기 시작했다. 죽은 사람들이 강물을 뒤덮어 흘렀으므로 전 병력이 다 강을 건너는 데 며칠이 걸렸다. 그래도 강을 지키는 군사는 하나도 없었다.

이렇게 하여 세 부대의 군사들이 한양에 들어오게 되었다. 그때는 도성 안의 백성들이 모두 흩어져 도망간 뒤였다. 성은 텅텅 비어 있었다.

한강을 빼앗긴 김명원은 행재소로 가려고 임진강에 이르렀다. 그는 그곳에서 장계를 올려 전황을 아뢰었다. 그러자 경기도와 황해도의 군사를 징발해 임진강을 수비하라는 어명이 내렸다. 임금께서는 신할에게도 함께 임진강을 지키라고 명하셨다. 서쪽 방면의 길을 차단해 적을 막으라는 것이었다.

3일, 임금께서 개성을 떠나 금교역(金郊驛)에 행차하셨다.

비록 파직당한 몸이긴 했으나 그래도 나는 떨어질 수가 없어 함께 따랐다.

4일, 흥의(興義)·금암(金巖)·평산부(平山府)를 지난 임금께서는 보산역(寶山驛)에서 머물기로 하셨다.

개성을 떠날 때 너무 서둘러 종묘의 신주(神主)를 두고 왔다. 신주를 두었던 곳은 목청전(穆淸殿 : 조선 태조의 옛집−역주)이다.

"신주를 적지에 버릴 수는 없나이다. 모셔 와야 하옵니다!"

종실의 하나가 울면서 아뢰었다.

밤을 세워 개성으로 달려가 신주를 모시고 돌아올 수 있었다.

5일, 임금께서는 안성(安城)·용천(龍泉)·검수역(劍水驛)을 거쳐 봉산군(鳳山郡)에 이르시게 되었다.

6일에는 황주(黃州)까지, 7일에는 중화군(中和郡)을 지나 평양에 이르실 수 있었다.

제2부

...

평양 파천에서 명나라 군을 맞기까지의 기록

8. 어처구니없는 주검들

전라 · 충청 · 경상도 순찰사의 군대들이 용인 전투에서 패전했다. 애초에는 전라도 순찰사 이광(李洸)이 전라도 군사를 이끌고 한양에 들어가 도우려 했었다. 그러나 임금께서 서쪽으로 피란하시고 한양이 함락됐다는 소식을 듣고 군사를 되돌려 전주로 돌아갔다. 전라도의 많은 백성들은 그가 싸우지도 않고 군사를 되돌린 것에 불평하고 분노했다.

이광은 편한 마음이 아니었다. 그는 다시 군사를 징발, 충청도 순찰사 윤국형(尹國馨)의 군사와 합세해 진군했다. 경상도 순찰사 김수도 군관 수십 명을 거느리고 합세했다. 그렇게 편성된 군대는 5만이 넘었다.

그 부대가 용인에 닿아 북두문(北斗門) 위에서 정찰했다. 그곳에서는 적의 소규모 진루(陳壘)가 보였다. 그것을 하찮게 본 이광은 용사 백광언(白光彦) · 이시례(李時禮) 등에게 지시해 적군을 시험해 보기로 했다.

백광언이 선봉대를 이끌고 산에 오르기 시작했다. 적 진루에서 10여 보쯤 떨어진 곳이었다. 말에서 내림과 동시에 활을 쏘았다. 적군은 아무런 반응이 없었다.

적군은 해가 떨어지자 백광언의 군사들이 해이해진 틈을 타 칼을 뽑아 들고 고함을 질러 대며 진루에서 뛰쳐나왔다. 크게 당황한 백광언 등은 말에 올라 달아나려 했으나 뜻을 이루지 못한 채 모두 살해되고 말았다. 모든 군사들은 이 말을 듣자 크게 놀라 두려워했다.

순찰사 세 사람도 다 문인(文人)인지라 병무(兵務)에는 익숙지 못했다. 군사의 수효는 많다고 하나 지휘 명령도 제각각으로 통일되지 않았다. 게다가 험준한 곳에다 방어물을 설치하지도 않았다. '군 작전을 봄놀이하듯 하면 패전이 당연하다'고 한 옛사람들의 말이 하나도 그르지 않았다.

이튿날이었다. 우리 군사들이 겁먹고 있었을 것이라 판단했는지 왜적은 칼을 휘두르며 용맹스럽게 달려 나왔다. 그 앞에서 우리 3도 군사들은 크게 무너졌다. 마치 산이 무너지는 듯했다. 군수품과 기계를 버린 것들이 수도 없이 많이 쌓여 사람이 다닐 수 없을 지경이었다. 왜적들이 그것을 가져가 불을 질렀다.

이렇게 되자 이광은 전라도로, 윤국형은 공주로 그리고 김수는 경상우도로 돌아가 버렸다.

한편 부원수 신각(申恪)은 양주에서 맞은 적군을 패퇴시키고 머리 60여 수를 베었다. 그런데도 조정에서 나온 선전관(宣傳官)이 군부대 안에서 그의 목을 베고 말았다.

원래 신각은 김명원을 따라가 부원수가 된 인물이다. 그러나 한강 전투에서 패하자 김명원을 따르지 않고 이양원과 함께 양주로 간 것이다. 그때 마침 함경남도 병사(兵使) 이혼(李渾)이 이끈 군사가 도착했다. 신각은 그 군사와 합세하여 한양에서 민가를 노략질하는 적군을 크게 무찔렀다. 왜적이 우리나라에 들어온 후로 처음 보게 된 승전이라며 백성들이 모두 뛰어나와 환호했다.

이런 것을 몰랐던 김명원은 임진강에 이르러 장계를 올렸다.

'신각은 저를 따르지 않고 제멋대로 다른 곳에 가 있을 뿐만 아니라 명령에도 복종치 않았습니다.'우의정 유홍이 임금께 당장 베어 죽이기를 청하여 지체없이 선전관을 보냈다. 그런데 선전관이 떠난 후에야 신각의 활약으로 전쟁에 이겼다는 등의 보고가 들어온 것이다. 조정에서는 급히 사람을 보내 선전관을 멈추게 하려 했으나 허사였다. 급파한 자가 사형을 중지시키려 현지에 도착하기 전에 이미 신각의 목이 베어졌던 것이다.

그는 무인(武人)이지만 원래 청렴하고 조심성 있는 성격이었다. 연안 부사를 지낼 때는 성을 수축하고 참호를 많이 파게 했다. 군기(軍器)도 많이 준비해 두었었다. 그렇기 때문에 이정암(李廷馣)이 연안을 잘 지키고 성을 보존할 수 있었다. 모든 사람들은 그것이 다 신각의 공임을 알았다.

지사(知事) 한응인(韓應寅)에게 압록강 연변의 날쌘 군사 3천 명을 이끌고 임진강으로 가 왜적을 치도록 했다. 그러나 그를 김명원의 지휘 아래 두지는 않았다.

그 무렵 한응인은 명나라 수도에 갔다가 막 돌아온 상태였다.

"한 지사 얼굴에는 복을 누릴 기상이 있으니 반드시 일을 잘 처리할 수 있을 게 틀림없소."

좌의정 윤두수가 말했다.

한응인은 이내 임진강으로 향했다. 그런데 애석하게도 한응인과 김명원은 임진강에서 패전을 하고 말았다. 그리고 왜적이 임진강을 건너왔다.

패퇴하기 전, 임진강 북쪽에 있던 김명원은 군사들에게 여울마다 각기 나누어 지키도록 했다. 그리고 모든 배는 거두어 북쪽 강기슭에 매어 두게 했다.

적군이 남쪽까지 다다라 진을 쳤으나 강을 건널 수가 없었다. 다만 우리 부대를 교란시키기 위한 소수의 적병들만 나타나 싸움을 걸 따름이었다.

그렇게 대치한 지 10여 일이 지났으나 적은 강을 건너지 못하고 있었다. 그러던 어느 날 왜적은 강가에다 세웠던 막사를 불사르고 장막을 거두어 수레에 싣고는 철수하는 시늉을 했다. 우리 군사를 유인하는 술책이었다.

날쌔긴 했어도 지략이 모자란 신할은 그 술책에 속아 강을 건너가 적군을 추격하려 했다. 경기 감사 권징도 그에 합세하려고 했다. 그러나 김명원이 적극 만류했다.

그날 한응인도 계속 남하하여 임진강에 도착할 수 있었다. 그 여

세로 적군을 추격하려 했다. 그러나 그 군사들 모두가 강변에서 잘 훈련된 용사들인 데다 북쪽 오랑캐와의 잦았던 전투로 전진(戰陣)의 형세를 잘 알고 있었다. 그 군사 중 하나가 한응인에게 말했다.

"우리 군사들이 먼 길을 오느라 너무 지쳐 있는 데다 여태 아무것도 먹지 못했습니다. 또 병장기도 정비되지 않았을뿐더러 후발대는 아직 도착하지 못했습니다. 게다가 왜적이 진실로 물러가는 것인지 거짓인지도 파악되지 않은 상태입니다. 그러니 바라옵건대 오늘은 좀 쉬었다가 적군의 동향을 살펴본 다음 내일 싸우도록 하는 게 옳겠습니다."

이 말에 군사들이 멈칫거리며 나가질 않자 그 자리에서 서너 명의 목을 베어 버렸다.

한응인은 조정에서 새로 보낸 지휘관인데다 또한 자기의 지휘권 밖에 있는지라 그 처사가 옳지 않은 줄을 알면서도 김명원은 묵묵히 있었다.

별장 유극량(劉克良)은 지긋한 나이에 전투 경험이 많은 터라 신할에게 경솔히 추격하지 말 것을 진언했다. 그러자 신할은 그의 목을 치려고 했다.

유극량이 말했다.

"내가 상투를 틀고부터 군인의 길을 밟아 지금에 이르렀는데 어찌 죽음을 두려워하겠소마는 내가 그렇게 말씀드린 것은 나라의 일을 크게 그르치게 될까 염려되어 한 말일 따름입니다."

말을 마치기 바쁘게 그는 분노한 얼굴빛으로 자기 군사를 거느리고 제일 먼저 강을 건넜다.

우리 군사들이 적군을 뒤쫓아 험한 곳에 이르렀을 때 매복해 있던 왜적이 일시에 나타나 공격했다. 많은 우리 군사가 죽었거나 다쳤고 산 군사들은 도망치기 바빴다.

유극량은 말에서 내리며 외쳤다.

"여기가 곧 내가 죽을 곳이다!"

그는 활을 쏘아 적군 몇 명을 죽인 다음 결국 적에게 살해당했다. 신할도 전사했다. 살아남은 군사들은 가까스로 강기슭까지 도망쳐 왔으나 강을 건너지 못하고 벼랑 위에 올라 강물로 뛰어내렸다. 그 모습이 마치 바람에 어지러이 흩날리다 강물 위로 떨어지는 낙엽 같았다. 미처 강에 몸을 던지지 못한 군사들은 왜적의 긴 칼을 받을 뿐 감히 대항할 생각도 못하는 듯했다.

김명원과 한응인은 강 북쪽에서 이 광경을 바라만 볼 따름이었다. 그들도 기가 꺾였던 것이다. 때마침 부대 내에 있었던 상산군(常山君 : 박충간)은 냅다 말 위에 오르더니 달아나 버렸다. 군사들은 그가 김명원인 줄로 착각하고 외쳤다.

"원수(元帥)도 달아났다!"

강여울을 지키던 군사들이 그 소리를 듣고 모두들 뿔뿔이 흩어졌다.

김명원·한응인이 행재소로 돌아왔다. 조정에서는 그들을 문책하지도 않았다.

경기 감사 권징은 가평군으로 들어가 피란살이를 시작했다. 그

러나 적군은 승전의 기세를 타고 서쪽으로 진군을 계속했다. 우리
군사는 이미 방어할 수가 없는 형편이었다.

9. 아, 평양성에서 일어난 일들

왜적이 함경도까지 쳐들어왔다. 두 왕자가 적의 수중에 들어가
고 말았다. 수행한 신하 김귀영, 황정욱, 황혁과 함경 감사 유영
립(柳永立) 그리고 북병사 한극함(韓克諴) 등은 모두 적에게 체포
되었다.

남병사(南兵使) 이흔(李渾)만은 운 좋게 도주할 수 있어 갑산(甲
山)까지 갔으나 그곳 백성들에 의해 죽임을 당했다.

이제는 남·북도의 모든 군현(郡縣)이 적군에게 점령당하고 만
것이다.

왜학 통사 함정호(咸廷虎)는 한양에 머물러 있다가 왜장(倭將) 가
토 기요마사에게 잡혀 그를 따라 함경도에 갔었다. 적군이 물러갈
때 도망왔는데 그가 내게 함경도 북부의 사정을 아주 자세하게 말
해 주었다.

그 말에 따르면 가토 기요마사는 여러 왜장 중에서 가장 용맹스
럽고 전술이 뛰어나다고 했다. 그런 그가 고니시 유키나가와 함께
임진강을 건너 황해도 안성역에 도착했다. 그들은 평안도와 함경

도 중에 누가 함경도를 또 누가 평안도를 빼앗을지 제비를 뽑아 결정키로 했다. 제비뽑기를 한 결과 고니시 유키나가가 평안도, 가토 기요마사는 함경도로 정해졌다.

가토 기요마사는 안성 주민 두 사람을 잡아다가 길을 안내토록 했다. 두 사람 모두 안성 토박이여서 북쪽은 가본 적이 없다고 했다. 그러자 가토 기요마사는 즉석에서 한 사람을 죽였다. 겁이 난 다른 한 사람은 길 안내를 하겠노라고 나섰다. 그렇게 출전하여 곡산(谷山)을 거쳐 노리현(老里峴)을 넘은 가토 기요마사는 철령(鐵嶺) 북쪽을 향해 하루에 수백 리씩 말을 달렸다. 그 형세는 태풍이 불어치는 것과 같았다.

북도(함경도 북쪽) 병사(兵使) 한극함은 6진(함경도 최북단 종성·은성·회령·부령·경원·경흥 등 여섯 곳에 설치한 국방 요새—역주)의 군사들을 거느리고 해정창(海汀倉)에서 왜적과 조우했다. 우리 북도 군사들은 말타기와 활쏘기에 능했다. 마침 지형이 편평하고 드넓은 곳인지라 좌우측 양 방향에서 말을 달려 나와 맹렬히 화살을 퍼부어 대자 왜적은 전장에서 지탱하지 못하고 창고 안으로 쫓겨 들어갔다. 그러는 동안 해가 저물었다. 우리 군사들은 공격을 멈추었다가 날이 밝으면 다시 전투를 벌이자고 했다. 그러나 그런 의견을 묵살한 한극함은 군사를 지휘, 왜적들을 포위했다.

포위당한 왜적들은 곡식 가마니를 꺼내 쌓아 성벽처럼 만들고 은폐 자세로 우리 군사들의 화살과 돌을 피했다. 그리고 숨어서 조총으로 사격했다. 우리 군사들은 빗살처럼 촘촘히, 나뭇단처럼 겹

겹이 늘어서 있었으므로 날아오는 총알이 어김없이 관통했고 총알 하나에 서너 명이 쓰러지기도 했다. 결국 우리 군사는 무너지고 말았다.

남은 군사들을 거둔 한극함은 고개 위로 이끌고 가 진을 쳤다. 날이 밝으면 다시 전투에 임하려 했던 것인데 왜적이 야음을 틈타 몰래 나와서 우리 군사를 포위했다. 적들은 수풀 속에 매복해 있었다.

우리 군사들은 적군이 아직까지 산 밑에 있겠거니 했는데 자욱한 아침 안개 속에서 갑자기 한 발의 총성이 들렸다. 그것을 신호로 왜적이 일제히 뛰쳐나왔다. 우리 군사는 또다시 기습을 당하고 말았다. 군사들은 물론 장수도 적군을 피해 도망치느라 진흙탕 속에 빠졌다. 적군이 달려들어 칼로 베기에 바빴다. 죽은 사람이 수도 없이 많았다.

경성(鏡城)으로 도망쳐 들어갔던 한극함도 결국은 적에게 사로잡히고 말았다.

임해군과 순화군 두 왕자는 모두 회령부로 갔다. 맨 처음 순화군은 강원도에 있었지만 적이 강원도로 밀려들자 북도로 옮겨온 것이다. 왜적은 그런 왕자를 끝까지 쫓아왔다. 그런데다 회령의 벼슬아치 국경인(鞠景仁)의 무리가 배반했다. 그들은 먼저 왕자를 수행한 신하들을 묶어 적군에게 넘겼다.

왜장 가토 기요마사는 묶인 그들을 풀어 자기 부대 안에 있게 한 뒤 함흥으로 가 주둔했다.

칠계군 윤탁연(尹卓然)은 도중에서 병을 핑계로 다른 길로 하여 별해보(別害堡) 깊숙이 들어가 있었다. 동지중추부사 이기는 왕자를 수행치 않고 그냥 강원도에 머물러 있었으므로 적에게 잡히지 않게 되었다.

적에게 구금당한 지 며칠이 지나자 유영립은 문관이기 때문에 감시가 소홀해진 틈을 타서 빠져나와 행재소로 올 수 있었다.

이일도 평양에 도착했다. 충주에서 패전한 뒤 한강을 건너 강원도 경계까지 갔었던 그는 이리저리 옮겨 다니며 적을 피하다가 가까스로 행재소에 닿게 된 것이다.

전에 여러 장수들은 한양에서 남쪽으로 내려가며 도망치기도 하고 그러다가 죽기도 했다. 그래서 임금을 수행한 장수는 하나도 없었다. 그런 판이니 장차 왜적이 임금 가까이까지 온다면 어쩐단 말인가, 하면서 모든 이들이 크게 걱정하던 참이었다. 이일이 왔다는 말에 모두 다 기뻐했다. 비록 그가 패장이라 할지라도 무장들 가운데서는 원래부터 명망이 높았기 때문이었다.

이일은 여러 전투에서 패배하여 가시덤불 속으로 숨어 다니느라 패랭이에 흰 베적삼 그리고 짚신 차림이었다. 또 몰골은 수척할 대로 수척해져 있었으므로 보는 이들마다 탄식이 절로 나왔다.

"이곳 모든 이들이 장차 그대에게 의지하려고 굳게 믿고 있는데 용모가 이래서야 어떻게 그들에게 믿음과 힘을 줄 수가 있겠소?"

내가 이렇게 말한 뒤 행장에서 남색 비단 철릭(무관용 관복의 일종-역주)을 찾아내어 그에게 주었다. 그것을 본 여러 재신(宰臣)이

말총으로 만든 갓이며 은정자(銀頂子 : 전립 꼭지에 다는 장식－역주)
그리고 채색 갓끈 등을 내놓았다. 그런 것들로 차리고 나니 금세
딴 인물처럼 되었다. 그러나 신발만은 아무도 주는 이가 없어 그냥
헐어 빠진 짚신을 그대로 신고 있었다.

내가 웃으며 말했다.

"비단 옷에 짚신이라! 거참 어울리지가 않는군."

주위에 있던 모두가 한바탕 웃었다. 벽동(碧潼)에 있던 그곳 토
박이 군사 임욱경(任旭景)이 이미 봉산(鳳山)까지 왜적이 와 있는 걸
탐지해 보고했다.

나는 좌의정 윤두수에게 말했다.

"왜적의 척후병은 반드시 강 건너편까지 와 있을 겁니다. 여기
영귀루(詠歸樓 : 대동강 서북쪽 기슭에 있음－역주) 밑은 강이 두 줄
기로 나뉘어 흐르는데 물이 얕아 건너기 쉽습니다. 만약에 왜적이
우리 백성을 잡아다 길잡이를 삼는다면 몰래 강을 건너서 쳐들어올
수 있지요. 그러니 급히 이일을 보내 강여울을 지키게 해야겠소.
그래야만 큰 변고를 막을 수 있겠습니다."

좌의정도 그렇다고 수긍하며 이일을 보내도록 조치했다. 그런데
이일이 거느린 강원도 군사는 겨우 수십 명에 불과했으므로 다른
군사를 더 뽑아 보태기로 했다.

이일은 함구문(含毬門 : 평양성의 남문－역주)에서 군사들만 점고
하고는 이내 떠나지 않았다. 나는 늦출 수 없는 급한 일이라 생각
되어 사람을 보내 알아보았다. 그런데 그때까지도 아직 문루에 앉

아 있었다. 좌의정에게 잇따라 재촉케 했더니만 이일은 그제야 떠났다.

이일은 성 밖으로 나갔으나 길을 안내하는 사람이 없어 그만 강 서쪽으로 잘못 접어들었다. 그때 마침 성 밖에 나갔다가 들어가는 평양 좌수 김내윤(金乃胤)을 만나게 되었다. 그에게 길을 물어 만경대 아래로 달려가 보니 성에서 겨우 10여 리 떨어진 곳이었다.

강 남쪽 언덕을 살펴보았다. 벌써 수백 명의 왜적이 몰려와 있었다. 강 가운데 작은 섬의 백성들이 놀라 소리치며 달아나고 있는 게 보였다.

이일은 10여 명의 군사에게 섬으로 가 활을 쏘라고 명했다. 겁먹은 군사들이 가려 들지 않았다. 이일이 목을 치겠다며 칼을 빼어 들자 비로소 군사들이 앞으로 나갔다.

그때 벌써 적군은 강 가운데까지 와 있었다. 곧 이쪽 강 언덕으로 올라올 기세였다. 우리 군사들이 급히 센 활에다 살을 매겨 연달아 쏘아 댔다. 예닐곱 명이 쓰러졌다. 그 바람에 적군은 물러났다. 이일은 변함없이 그 자리에 머물며 나루를 지켰다.

명나라 요동성(遼東城)의 군정을 맡은 총병관(總兵官)이 진무(鎭撫) 임세록(林世祿)을 우리나라로 보냈다. 왜적의 실정을 탐지하기 위한 목적이었다.

임금께서 그를 대동관(大同館)으로 불러 만나 보셨다.

5월에 파직되었다가 6월 초하루에 복직된 나는 왕명으로 그 명나라 장수를 접대하게 되었다.

요동에서 왜적이 우리나라를 침범했다는 것을 알게 된 것은 얼마 전이었다. 우리 도성이 계속해서 왜적에게 함락되었고 임금께서 서쪽으로 파천했다는 소식도 접하게 됐다. 그리고 또 왜적이 벌써 평양에까지 이르렀다는 최근의 소식에는 의심을 하기까지 했다. 왜냐하면 왜국이 일으킨 변란이 그토록 조속히 번질 수는 없다고 여겨졌기 때문이었다. 또 어떤 사람들은 우리나라가 왜의 앞잡이 노릇을 하고 있다고 믿기도 했다. 그래서 임세록이 오게 되었으므로 나는 그와 함께 연광정(練光亭)에 올라가 왜적의 정세를 살펴보았다.

왜병 하나가 동쪽 숲에서 나와 몸을 숨겼다가 다시 나타나곤 했다. 잠시 후 새로 나타난 두세 명의 왜병은 서 있기도 했고 앉아 있기도 했다. 그 태도가 어찌나 자연스러운지 흡사 길 가던 사람들이 쉬고 있는 듯했다.

내가 그걸 가리키며 임세록에게 말했다.

"저것들이 왜적 척후병이오."

임세록은 기둥에 기댄 채 의아한 표정으로 말했다.

"아니, 왜병이 저렇게 적을 수가 있소?"

내가 대답했다.

"왜적은 원래 교묘한 수단으로 상대를 속이는 데에 이골이 나 있소. 아무리 큰 부대가 왔더라도 놈들은 다들 숨어 있고 몇 명의 군사만 내보내 정탐한답니다. 그렇기 때문에 그 몇 놈만 보고서 깔보면 그게 놈들의 계략에 넘어간 것이지요."

임세록이 고개를 끄덕였다.

"듣고 보니 그렇습니다."

그는 이렇게 말하고는 명나라와 우리나라 사이에 주고받는 공문서를 전하기 위해 급히 달려 나갔다.

조정에서는 좌의정 윤두수에게 명했다. 도원수 김명원과 순찰사 이원익 등을 대동하여 평양을 지키도록 하라는 것이었다.

며칠 전, 성안 사람들은 임금께서 평양을 떠나 피란하신다는 말을 듣고서 뿔뿔이 흩어져 도망쳤으므로 성이 텅 비게 되었다. 그렇기 때문에 임금께서 세자에게 명하셨다. 대동관 문 밖에 나가 성안 부로(父老)들을 모아 놓고 평양을 굳게 지키겠다는 뜻을 전하라는 것이었다.

세자가 그렇게 전하자 부로들이 앞으로 나와 말했다.

"동궁 마마의 말씀만으로는 많은 백성들이 참말이라고 믿지 않사옵니다. 그러니 반드시 성상 마마께서 친히 타이르시는 말씀을 하셔야만 하겠사옵니다."

이튿날, 하는 수 없이 임금께서 친히 대동관의 문 밖으로 나가시어 승지를 시켜 어제 세자가 한 말을 다시 그대로 전했다. 그제야 부로 수십 명이 절하고는 물러났다. 그리고 그들은 제각기 짝을 지어 찾아가서 산골에 숨어 있던 남녀노소 모든 사람과 자제들을 찾아내어 성안으로 들어왔다. 비로소 성안이 가득 찼다. 그렇게 된 지 얼마 지나지 않아 왜적이 대동강 가에 모습을 나타내자 재신(宰臣) 노직(盧稷) 등이 종묘와 사직의 위판(位版)을 모시고 궁인들의 호위를 받으며 성문을 빠져나갔다.

이를 보게 된 성안의 이속(吏屬)과 백성들이 칼을 빼어 들고 난을 일으켰다. 한 패는 그들을 막아서며 마구 쳐서 묘사의 신주를 땅바닥에 떨어뜨렸고 재신들을 크게 꾸짖었다.

"너희들은 평소에 늘 나라의 녹만 도적질해 먹느라고 나랏일을 그르치고는 이제는 우리 백성들까지 속인단 말이냐!"

연광정에 있던 나는 임금 계신 곳으로 달려가며 살펴보았다.

길바닥에 모인 부인네들과 아이들이 다같이 성이 나서 고래고래 외쳤다.

"이미 성을 버리고 피란 가 있었는데 그런 우리들을 무슨 까닭으로 다시 성안으로 불러들여 놓고는 이제 우리들을 왜놈들 손으로 어육(魚肉 : 먹을거리로 만드는 생선과 고기 – 역주)이 되게 할 셈이냐!"

궁문에 이르자 난민들로 거리가 가득했다. 모두 팔소매를 걷어붙이고 칼·몽둥이를 들고서 사람을 만나는 대로 상하게 했다. 그 소요는 도저히 말릴 수도 없었다.

여러 재신들은 문 안의 조정 건물 안에 선 채로 얼굴이 하얗게 질려 있었다.

나는 난민들이 궁문으로 밀려닥칠까 염려되어 바삐 나가 문 밖 층계 위에 올라섰다. 그러고는 난민들 중에서 나이 지긋하고 수염이 많은 한 사람을 손짓으로 불렀다. 그는 지체 없이 다가왔다. 알아보니 바로 지방의 관리였다.

내가 그에게 타일렀다.

"너희들이 합심하여 이 성을 지키며 임금께서 성 밖으로 나가시지 않기를 원하니 나라를 위한 충정은 지극하다 아니할 수가 없다. 그러나 이 일로 난을 일으켜 궁문을 소란스럽게 하니 그 점은 대단히 놀라운 일이다. 또한 조정에서도 지금 이곳을 굳게 지킬 것을 계청하여 임금께서는 이미 허락을 하신 터이다. 그렇거늘 너희들은 무슨 까닭으로 이렇게 소란을 부리는가? 네 모습을 보아하니 식견이 있는 사람 같은데 모쪼록 내가 말한 뜻을 여러 사람에게 전하고 타일러 일단 물러가게 해라. 그렇지 않으면 너희들은 장차 중한 죄를 범하게 될 것이다. 그때는 용서가 없을 것이다!"

그 사람은 그 자리에서 몽둥이를 버리고 두 손을 마주 잡더니 입을 열었다.

"아무것도 모르는 우리 백성들은 나라에서 이 성을 버리려 한다는 말만 듣고 분한 마음을 참지 못해 이렇듯 망동(妄動)을 한 것입니다. 그런데 지금 하신 말씀을 듣고 보니 비록 소인이 우매하고 용렬하오나 가슴이 풀어졌습니다."

그는 손을 들어 휘둘러 대어 무리들을 헤쳐 버렸다.

10. 송강 정철과의 갈등

평양성 소요가 있기 전의 일이다.

조정에서는 대신들이 왜적이 곧 쳐들어올 것이라는 말을 듣고 피란 가기를 청했다. 사헌부나 사간원은 물론 홍문관에서까지 매일같이 궐문 앞에 엎드려 간곡히 청했다. 또 인성부원군 정철도 성을 비우고 피란하자는 의견을 주장했다. 그래서 내가 말했다.

"오늘날의 전황은 우리가 도성을 떠날 때와는 다릅니다. 그때의 한양은 군사와 백성들이 모두들 제각기 흩어져 지키려고 해도 지킬 수가 없었습니다. 그러나 이 평양성은 다릅니다. 앞이 강에 막혀 있고 백성들 또한 안정되어 있습니다. 게다가 명나라와도 가까워 며칠 동안만 힘써 지킨다면 반드시 명나라 군사가 와 구원할 것입니다. 그러면 왜적을 능히 물리칠 수 있게 되는 것입니다. 그런데 그러지 않는다면 이곳에서부터 의주(義州)에 이르기까지는 방어할 만한 지형이 없습니다. 그러니 결국 나라가 망하게 되는 지경에 처하게 됩니다."

좌의정 윤두수도 내 의견에 찬동이었다. 내가 정철에게 말했다.

"평상시 공의 태도로 보아 공은 누구보다도 의기가 강하여 아무리 어려운 일이라 할지라도 피하려 하지 않았는데 오늘날 공의 의론은 참으로 실망스럽습니다."

윤두수 정승이 남송(南宋)의 충신인 문산(文山)의 시를 읊었다.

"아욕차검참영신[我欲借劍斬佞臣 : 나는 칼을 뽑아 간사하고 아첨꾼인 신하를 베려 하네 – 역주]."

정철은 매우 화가 나 옷소매를 휙 뿌리며 나가 버렸다.

평양 사람들은 내가 성을 지키자고 강하게 주장하고 있다는 얘기를 전해 들어서 알고 있는지라 평양성의 소요 때 내 말을 듣고는 순순히 물러난 것이다.

저녁답에 나는 감사 송언신(宋言愼)을 불렀다. 그리고 난민을 진정시키지 못한 책임을 나무랐다.

송언신은 소요 때 주동한 세 사람을 적발해 대동문 안에서 목을 베었다. 나머지 무리들은 황급히 흩어져 버렸다.

그때 조정에서는 이미 성을 비우고 피란하자는 결정을 내렸다. 그러나 아직 행선지는 정하지 못했다. 조정 대신들은 대부분이 함경도 북쪽 지역이 좋다고 했다. 그 이유는 궁벽하고 험준한 지형이라 왜적을 피하기가 좋다는 것이었다. 그런데 사실은 이미 왜적이 함경도를 침범하고 있는 상태였다. 다만 길이 험해 왕래가 끊긴 데다 왜적 침략을 보고 받지 않아 조정에서 그 사실을 까맣게 몰랐던 것이다.

동지중추부사 이희득(李希得)을 함경도 순검사로 임용했다. 그가 전에 영흥(永興) 부사로 재직할 때 정사를 어질게 베풀었다는 이유에서다. 병조정랑 김의원(金義元)을 종사관에 임명했다. 그리하여 이희득과 김의원을 함경도로 보내고 왕비와 궁빈 이하 여럿을 먼저 북쪽으로 떠나게끔 했다.

이에 대하여 내가 강하게 반대했다.

"임금께서 이곳 서쪽으로 떠나오신 것은 애초에 명나라의 군사 파병에 힘을 얻어 나라를 수복하기 위함이었사옵니다. 지금 명나라에 군사 지원을 요청해 놓은 상태인데 북도로 깊숙이 들어간다면 왜적에게 길이 막혀 버려 명나라와의 소식도 두절되고 마옵니다. 그렇게 되면 나라의 수복을 바랄 수도 없으려니와 또 왜적이 이미 여러 도(道)로 흩어져 침략하고 있는 판국이라 북도에만 왜적이 없을 것이라 믿기도 어렵사옵니다. 만약에 불행하게도 조정이 그곳으로 옮긴 뒤 왜적을 만나게 되는 날에는 딴 곳으로 피할 수도 없게 되옵니다. 북쪽 오랑캐 땅에 발붙일 수도 없으니 어느 땅에 의지하겠사옵니까? 지금 조신들의 가족이 북도에 많이 피란 가 있기 때문에 각자가 자기 가족 생각만 하고 조정이 그곳으로 옮겨 가는 게 옳다고들 주장하고 있사옵니다. 듣자 하니 소신의 노모께서도 동북 지방에 피란하셨다니 소신의 개인적인 정리로만 생각한다면 소신 또한 그곳으로 가고 싶사옵니다만 그것이 어찌 나라의 장래를 위한 계책보다 우선이겠사옵니까? 그리하여 이토록 간절히 아뢰옵니다."

나는 다 아뢰고 나니 눈물이 났다.

"경의 모친은 어느 곳에 있을지, 다 내 탓이로구나!"

임금께서 나를 가엽게 여기시며 말씀하셨다.

왜적이 대동강에 도착한 지 3일이나 되었다. 우리가 연광정에서 강 건너편을 바라보고 있자니 왜병 하나가 종이를 매단 나뭇가지를 들고 와 모래밭에 꽂고 갔다. 화포장(火炮匠) 김생려(金生麗)에게 가져오게 했다. 그가 작은 배로 건너갔다. 그 왜병은 무기가 없었으며 김생려와 손을 맞잡더니 등을 두드리기까지 하는 등 매우 친절하게 굴며 그 종이를 떼어 건넸다. 김생려가 가져온 것은 서신이었다. 윤두수 정승은 펴 볼 생각도 하지 않았다.

내가 말했다.

"그거 펴 보는 게 뭐가 해롭겠소?"

펴 보았더니 이렇게 써 있었다.

'조선국 예조판서 이공(李公) 합하에게 올립니다.'

이덕형에게 보내온 편지인데 야나가와 시게노부와 겐소가 함께 쓴 것이었다. 이덕형을 보고 강화를 의논하자는 내용이었다.

이덕형이 작은 배를 타고 가 강 한가운데서 야나가와 시게노부와 겐소 둘을 만났다. 평소와 다르지 않게 인사를 한 다음 겐소가 말했다.

"우리나라가 조선의 길을 빌려 중국에 조공하려 하는데 조선이 그걸 허락하지 않아 일이 이 지경에 이른 것입니다. 지금이라도 가는 길을 빌려 주어 중국에 갈 수 있게 한다면 아무런 일이 없습니다."

이덕형은 먼젓번 약속을 어긴 것으로 그들을 나무란 뒤 먼저 군사를 물러나게 하고 난 연후에 강화를 의논하자고 했다. 그러자 갑자기 불손한 어조로 야나가와 시게노부가 말을 했으므로 더 이상 의논을 하지 못하고 헤어졌다. 그날 저녁, 왜적 수천 명이 강 동쪽 언덕 위에다 진을 쳤다.

6월 11일, 임금께서는 평양에서 영변(寧邊)으로 행차하셨다. 호종한 대신은 최흥원·유홍·정철 등이었다. 좌의정 윤두수, 순철사 이원익·원수 김명원 등은 평양을 지키기 위해 그냥 머물게 되었으며 나는 명나라 장수를 접대키 위해 평양에 머물러 있게 되었다.

이날 왜적이 성을 공격했다. 좌의정·원수·순찰사와 나는 연광정에 있었고 평양 감사 송언신은 대동성(大同城) 문루를 지켰다. 그리고 병사(兵使) 이윤덕(李潤德)은 부벽루 뒤의 강여울을, 자산(慈山) 군수 윤유후(尹裕後) 등은 장경문(長慶門)을 지키기로 했다.

성안을 지키는 군사와 민병은 모두 3, 4천 명이나 되었다. 그들을 성가퀴에 배치했다. 그러나 대오가 제대로 정비돼 있지 않아 어떤 곳은 빽빽할 정도였고 또 어떤 데에는 비어 있다 해도 좋을 만치 적은 인원이었다. 또 여럿이 적진을 넓게 살펴볼 수 있도록 마련한 곳에도 사람 없는 곳이 많았다. 을밀대(乙密臺)에서 가까운 이곳저곳 소나무에 흰 옷들을 걸어 놓아 적을 속이는 허수아비 군사들을 만들어 놓았다.

강 건너편을 관찰했다. 왜적은 그다지 많지 않은 듯했다. 동대원(東大院) 언덕 위에 친 일자(一字) 모양의 왜적 진(陣) 사이사이에 붉은 깃발, 흰 깃발을 많이도 세워 놓았다. 마치 우리나라의 만장(挽

102

章) 같았다.

말 탄 왜적 10여 명이 출동, 양각도(羊角島) 쪽 강물로 들어갔다. 말 배에까지 물이 찼다. 그 왜적들은 한 줄로 고삐를 잡고 행렬을 이루었다. 이내 강을 건너 쳐들어올 것처럼 취한 대열이었다. 그 뒤에 강가를 서성이는 한두 명의 군사나 서너 명이 짝지어 오르락 내리락하는 왜병들은 모두 긴 칼을 메고 있었다. 햇빛을 받아 번쩍거리는 것이 마치 번개 같았다.

"진짜 칼이 아니라 목검에 백랍을 칠해 우리를 속이려는 거야."

어떤 사람이 말했다. 그러나 그 말이 맞는지 어떤지는 너무 멀어 확실치 않았다.

그때였다. 갑자기 예닐곱의 적병이 나타나더니 강가에 이르러 성을 향해 조총을 발사했다. 총소리는 놀랄 정도로 컸고 총알은 성 안까지 날아들었다. 어떤 총알은 대동관 기왓장 위에 떨어지기도 했다. 거의 1천 보나 날아온 셈이다. 성의 누각 기둥에 맞은 것은 서너 치나 되는 깊이로 박혔다.

연광정 위의 우리를 장수로 알았는지 붉은 차림인 녀석이 조총을 겨누고 모래밭까지 다가오더니 발사했다. 정자 위에 있던 두 사람이 맞았으나 거리가 멀었기 때문에 큰 부상은 입지 않았다.

내가 강사익(姜士益)에게 몸을 가릴 수 있는 곳에서 편전(片箭 : 짧지만 촉이 날카로워 갑옷을 뚫을 수 있는 화살 – 역주)으로 그 녀석을 쏘게 했다. 그 화살이 가까운 모래밭에 떨어지자 녀석은 놀라 달아났다.

이에 원수 김명원이 활에 자질이 있는 군사를 뽑아 빠른 배를 태워 강 가운데로 가 왜적에게 활을 쏘게 했다. 왜적들은 배가 점점 자기네 쪽과 가까워지자 달아나고 말았다. 우리 군사가 배 위에서 현자총(玄字銃 : 불화살 발사기 – 역주)을 쏘았다. 굵직한 불화살이 강을 건너자 뭐라 소리치며 흩어졌다. 불화살이 땅에 떨어진 후에는 왜적들이 그곳으로 모여들더니 구경에 열중했다.

그날, 즉각 즉각 병선(兵船)을 정비하지 않았기 때문에 공방리(工房吏) 하나를 목 베었다.

한동안 비가 오지 않았으므로 나날이 강물은 줄어들고 있었다. 그래서 이미 며칠 전부터 재신들이 단군·기자·동명왕의 사당에 나뉘어 가서 기우제를 올렸었는데 그럼에도 비는 내리지 않았다.

내가 좌의정 윤두수에게 말했다.

"여기는 강이 깊은 데다 배도 없으니 왜적이 건너오질 못하고 있소. 하지만 상류에는 여울 얕은 데가 많아 반드시 왜적이 그리로 건너올 것이오. 그렇게 된다면 성을 지킬 수가 없을 테니 철저하게 방비를 해야겠소."

내 말에 느긋한 성격인 원수 김명원이 말했다.

"벌써 이윤덕에게 지키도록 명령을 내렸습니다."

내가 다시 말했다.

"이윤덕만 믿고 있어도 되겠소?"

이어 이원익 순찰사에게도 일렀다.

"이렇게들 한데 모여 있는 게 마치 잔치 모임 같소. 이런 시국에는 아무런 도움도 되지 못하오. 그러니 가서 강을 지키도록 하는 게 좋겠소."

이 순찰사가 말했다.

"가 보라고 명하신다면 당연히 가서 힘껏 지키겠습니다."

좌의정이 순찰사에게 말했다.

"공이 직접 가 보시도록 하시오."

그 말에 순찰사 이원익이 자리에서 일어났다.

사실 그 무렵의 나는 왕명을 받아 명나라 장수만 접대하는 일을 맡았을 뿐 군무에는 참여하지 않도록 되어 있었다. 그런데 숙고해 보니 우리 군사가 패전할 확률이 높았다. 그러니 하루라도 빨리 명나라 장수를 영접하기 위해 내가 그쪽으로 가 도중에서 만나는 게 좋을 것 같았다. 나는 하루라도 빨리 구원을 받기 위해 날이 저물어 있었지만 종사관 홍종록(洪宗祿)·신경진(辛慶晉)을 대동하여 성을 나왔다. 그리하여 한밤중에 순안(順安)에 닿게 되었다. 도중에 회양(淮陽)에서 오고 있는 이양원의 종사관 김정목(金廷睦)을 만나게 되었다.

그로부터 왜적이 철령까지 왔다는 소식을 듣게 되었다.

11. 평양도 왜적에게

평양을 떠난 이튿날 숙천(肅川)을 지나 안주(安州)에 도착했다. 그곳에 요동 진무 임세록이 다시 왔다. 나는 자문(咨文 : 명나라에서 보낸 문서 – 역주)을 받아 임금 계신 곳에 보냈다.

이튿날 임금께서 영변을 떠나 박천(博川)으로 향하셨다는 것을 알게 되어 급히 그곳으로 향했다.

임금께서 동헌(東軒)에 나오시어 내게 물으셨다.

"평양은 지킬 수 있겠는가?"

"백성들의 마음이 굳고 안정돼 있어 지킬 듯하옵니다. 그러나 구원병이 시급하옵니다. 그 때문에 신이 이렇게 하루라도 빨리 명나라 군사를 영접하고 싶어 여기까지 왔사옵니다. 그럼에도 아직까지 구원병이 오는 것을 보지 못해 참으로 안타까울 따름이옵니다."

임금께서 좌의정 윤두수의 장계를 내게 보이시며 말씀하셨다.

"이미 어제부터 늙은이와 어린 것들을 성 밖으로 내보내고 있다고 하는데 어찌 백성들의 마음이 굳고 안정되었다고 하겠는가. 이래서야 성을 지킬 수 있겠는가?"

내가 다시 말씀드렸다.

"진실로 성상께서 걱정하심이 지당하옵니다. 신이 떠나기 전까지는 사정이 그렇지 않았사옵니다. 다만 왜적이 반드시 얕은 여울을 찾아내어 침략해 올 것을 염려했었사옵니다. 강바닥에 마름쇠를 촘촘히 깔아 놓는다면 그것도 한 방비책이 될 것이옵니다."

임금께서 이 고을에 마름쇠가 얼마나 있는가 물으시고 수천 개나 된다는 대답을 듣자 즉시 명하셨다.

"급히 평양으로 보내도록 하라."

내가 또 아뢰었다.

"평양 서쪽의 강서·용강·증산·함종 등 여러 고을 창고에 곡식이 많고 백성도 많사옵니다. 그러한데 만약 왜적이 가까이 왔다는 소식을 접하게 되면 백성들은 당황하고 그 고을들은 크게 어지러워질 것이옵니다. 하오니 시종을 급히 보내시어 백성들을 진무(鎭撫)시키고 군사를 거두어 평양을 구원함이 옳을 듯하옵니다."

"누구를 보내는 게 타당한가?"

임금께서 물으셔서 내가 말씀드렸다.

"병조정랑 이유징(李幼澄)이 계략도 있고 사려도 깊습니다."

내가 이어 말씀드렸다.

"신은 일이 급해 여기서 더 지체할 수가 없사옵니다. 밤새워 달려가 명나라 장수를 만나보겠나이다."

하직하고 물러나온 나는 이유징을 만나 임금께 추천한 사실을 알렸다. 깜짝 놀란 이유징이 불만스럽게 말했다.

"그곳은 왜적이 들끓는 곳이거늘 어찌 갈 수가 있겠습니까?"

내가 그에게 말했다.

"국록을 먹는 자는 어려운 일을 피하지 않는 게 도리오. 신하된 사람은 이토록 나라 일이 위급할 때는 비록 그곳이 끓는 물속이거나 불속이라도 피하지 않는 법이오. 그렇거늘 어찌 이번에 걸음하는 것을 어렵다고만 하오?"

잠자코 내 책망을 다 듣고 난 이유징의 안색에는 뉘우치는 기색이 역력했다.

나는 저물녘, 대정강(大定江)에 이르게 되었다. 그때 광통원(廣通院) 쪽 들판에 부대를 잃은 듯한 군사들이 하나둘씩 계속해 모여들고 있었다. 혹 평양을 왜적에게 빼앗긴 것인가 싶어 군관을 시켜 그들을 데려오게 했다. 이내 19명을 데려왔다.

그들은 모두 의주·용천 등의 고을 군사들로 평양에 가서 강을 지켰었다고 했다. 그중 하나가 말했다.

"왜적이 어제 왕성탄(王城灘)에서 강을 건너와서 우리 부대가 무너지고 말았습니다. 병사(兵使) 이윤덕도 어디론가 달아나고 말았습니다."

참으로 놀라운 일이었다. 길가였지만 나는 즉석에서 글을 써 군관 최윤원(崔允元)으로 하여금 임금 계신 곳으로 달려가 보고케 했다. 그리고 길을 서둘러 가산군(嘉山郡)에 이르렀다.

그날 저녁, 왕비께서는 박천에 닿으셨다. 도중에 왜적이 이미 북도에 쳐들어왔다는 소식을 접해 더 가지 않고 되돌아온 것이다.

통천(通川) 군수 정구(鄭逑)가 음식을 차려 보내왔다.

결국 평양이 함락되고 말았다.

임금께서는 가산으로 행차하셨고 동궁은 묘사 신주를 모시고서 박천 산골 마을로 들어갔다.

왜적들은 처음에 대동강 모래밭에 분산해 주둔했었다. 그 10여 진은 풀을 엮어 장막을 치고 있었다. 수일이 지나도록 강을 건널 수 없자 경비가 해이해졌다.

성 위에서 그런 행태를 지켜보던 김명원 등은 어둠을 타고 엄습하면 이길 수 있다고 생각하였다. 그래서 날쌔고 용감한 군사를 선발하여 고언백(高彦伯) 등에게 거느리게 하고 부벽루 아래 능라도 나루를 통해 강을 건너게끔 했다. 애초의 계획은 삼경(三更 : 밤 열한 시부터 한 시 사이 – 역주)에 적을 치기로 했었다. 그런데 그만 때를 놓쳐 강을 건넜을 때는 먼동이 트고 있었다. 적진인 장막 안을 살펴보니 왜적들은 아직 자고 있었다. 왜적 제1진을 공격했다. 왜적이 놀라 소란을 피웠으나 우리 군사들이 활을 쏘아 많이 죽였다. 최일선에서 힘껏 싸웠던 토병(土兵 : 고을 토박이 중에서 뽑은 군인 – 역주) 이욱경은 전사했지만 적의 말 3백여 필을 빼앗은 전과를 올렸다.

얼마 뒤, 모든 진의 왜적들이 일시에 반격해 왔다. 우리 군사들이 후퇴해 타고 온 배에 오르려 했다. 그러나 왜적이 바싹 추격하는 것을 봤기 때문에 뱃사람들은 배를 강가에 대지 못했다. 적을 피해 강으로 뛰어든 많은 군사들이 빠져 죽었고 적의 칼에도 여럿이 전사했다. 살아남은 군사들은 왕성탄으로 가 첨벙첨벙 강을 건넜다. 왜적은 그제야 그곳이 얕은 물이라 배 없이도 건널 수 있음을 알게 되었다.

그날 저녁, 수많은 왜적이 왕성탄을 건너기 시작했다. 그곳을 지키고 있던 우리 군사들은 화살을 날릴 생각도 하지 않고 뿔뿔이 흩어져 모두 도망쳤다.

강을 건너온 왜적은 성안의 방비가 철저할지도 모른다 싶었는지 머뭇거리며 가까이 다가오지 못했다.

그날 밤, 좌의정 윤두수는 김명원을 시켜 성문을 열고 백성들을 모두 내보냈으며 병기와 화포는 풍월루(風月樓) 앞 못 속에 가라앉혔다. 그리고 나서 윤두수를 비롯한 여럿이 보통문을 나와 순안에 도착하게 되었다. 그나마도 다행히 뒤쫓는 왜적은 없었다. 다만 종사관 김신원(金信元)이 혼자 대동문으로 나와 배를 타고 물 흐름을 따라 서쪽으로 향했다.

모든 왜적들이 성 밖에 집결한 이튿날, 척후병들이 모란봉으로 올라가 한동안 성안의 동정을 살폈다. 그리고 텅 비어 있음을 알고 그제야 입성했다.

임금께서 평양에 도착했을 당시, 조정 대신들의 걱정은 군량(軍糧)이었다. 그래서 여러 고을의 전세(田稅)를 모두 거둬들여 평양에 한데 모아 두었었다. 그런데 이제는 성이 함락되고 말았으니 본창(本倉)의 그 10여 만 석이나 되는 곡식은 고스란히 왜적의 차지가 되고 말았다.

내가 올린 장계가 박천에 닿았을 때 순찰사 이원익, 정사관 이호민(李好閔)이 평양으로부터 와 왜적이 강을 건너와 침략한 상황을 상세히 말했다.

임금께선 왕비와 함께 밤중에 가산으로 향하셨다. 떠나시기 전, 세자를 불러 명하셨다. 묘사의 신주를 받들고 딴 길을 택하여 가서 사방의 군사를 불러 모아 장차 나라의 흥복을 도모하라는 말씀이었다. 이때 신료들을 나누어 따라가도록 했다.

영의정 최흥원은 왕명으로 세자를 따라나섰다. 우의정 유홍도 자청하여 세자를 따르려 했으나 임금께서는 대답이 없었다.

임금의 행차가 떠나기 시작했을 때 유홍이 길에 엎드려 하직하고 떠나려 했다. 내관이 몇 번이나 우의정 유홍이 하직하기를 청한다고 아뢰었다. 그래도 임금께서는 끝내 대답을 주지 않으셨다.

유홍은 마침내 동궁을 따라 떠났다. 이때 좌의정 윤두수는 평양에서 아직 돌아오지 않은 상태였으므로 임금 곁에 대신이라고는 아무도 없었다. 다만 정철만이 옛 정승의 신분으로 임금의 행차를 따라 가산에 도착했을 따름이었다.

임금께서 가산에 도착한 것은 이미 오경(五更 : 오전 세 시부터 다섯 시 사이-역주)이 된 때였다.

12. 명나라 구원병이 드디어 오다

임금께서 정주(定州)에 도착하셨다. 임금께서 평양을 떠나신 이후 민심이 사나워져 지나시는 곳마다 난민들이 창고 곡식을 약탈했다. 순안·숙천·안주·영변·박천 등 여러 고을 창고들이 모두 약탈당했다.

임금 행차가 가산을 떠날 때 군수 심신겸(沈信謙)이 내게 말했다.

"이 고을은 곡식이 아주 넉넉해 관청에서도 쌀을 1천 석이나 보관하고 있습니다. 이것으로 명나라 구원병의 군량으로 쓰려고 했습니다. 그런데 일이 이 지경에 이르렀습니다. 공께서 우리 고을에 잠시 머무셔서 민심을 수습해 주시면 어려운 상황이 되지 않을 것입니다. 그렇지 않으면 난동이 벌어질 것이고 소인 또한 고을에 있기 어려워 바닷가로 피신할까 합니다."

사실 심신겸의 명은 그 부하들에게도 먹혀들지 않았다. 그런 판이라 그는 내가 데리고 있는 6명의 군관, 도중에서 모아 거느리고 있는 패잔병 19명 그리고 그들이 지닌 칼과 활의 힘으로 자신을 보호하기 위해 그와 같이 말한 것이다. 그러니 더욱 떠날 수가 없게 되어 잠시 머물고 있는 사이 한낮이 지나고 말았다. 더 이상 머물 수가 없었다. 왕명도 없었는데 내 마음대로 마냥 그 고을에 머물러 있는다는 것은 도리상 죄송한 일이었다.

나는 심신겸과 작별했다.

효성령(曉星嶺)에 올라 가산을 돌아보니 고을 안이 벌써 난리였다. 심신겸이 창고 곡식을 몽땅 털리고 도망쳤기 때문이었다.

이튿날, 임금께서 정주를 떠나 선천(宣川)으로 가시며 내게 정주에 머물라고 명하셨다. 그때는 벌써 고을 백성들이 모두 피란 가고 없었다. 다만 늙은 아전 백학송(白鶴松)을 비롯한 몇 명만이 성안에 남아 있었다.

나는 임금께서 성 밖으로 나가시는 것을 전송한 후 연훈루(延薰樓) 아래 앉아 눈물지었다. 군관 몇 사람이 섬돌 아래 앉아 있었고 패잔병 19명도 길가 버드나무에 말을 매 놓고 삥 둘러앉아 있었다.

얼마 후 10여 명이 성문 쪽으로 몰려들었다. 나는 급히 군관에게 패잔병들을 딸려 보내 잡아오게 했다. 그들은 눈치채고 도망치기 시작했다. 그러나 재빨리 뒤쫓아 아홉 명을 잡아 왔다. 그들의 머리칼을 풀어 흩뜨리고 두 팔을 뒤로 결박했다.

이에 앞서 이런 일도 있었다. 남문 쪽에 몽둥이를 든 사람들이 나타나더니 문 안으로 들어섰다. 군관을 시켜 가 보게 했다. 다녀온 군관의 말에 따르면 창고 아래에 수백 명이 모여 있다고 했다. 생각해 보니 내가 거느린 군사는 몇 명 되지도 않고 게다가 허약했다. 그러니 수많은 난민들을 제압하기란 불가능했다. 난민들을 어떻게 흩어지게 할까 궁리를 하고 있던 중에 성문에 다시 나타난 아홉 명을 잡아들여 결박했다.

또 그들을 벌거벗겨 창고 옆으로 데려가 조리돌리게 했다. 열 명의 군사가 그들 뒤를 따르며 큰 소리로 이렇게 외치게 했다.

"창고를 약탈하는 도적놈은 이렇게 사로잡아 벤 목을 매달겠다!"

성안 사람들이 그 조리돌림을 보았다. 그렇게 되자 창고 아래 모였던 수백 명의 난민들도 당황하여 서문으로 도망쳐 나가 버렸다.

정주 창고의 곡식은 이렇게 하여 보전되었다. 용천·선천·철산 이웃 고을들에도 창고 약탈자가 없어졌다.

무인 출신인 판관 김영일(金榮一)은 평양에서 도망쳐 돌아와 아내와 자식들을 바닷가에 피란시켜 놓고 창고 곡식을 훔쳐 보내려 했다. 그 말을 들은 내가 범죄 행위를 책망했다.

"너는 무장으로 패전하고도 죽지 않았으니 그 죄로 목 벨 만한데 거기다 관아의 곡식을 훔쳐 내다니! 창고의 곡식은 명나라 구원병의 군량이다!"

곤장 60대로 치죄했다.

얼마 후, 평양을 떠난 좌의정 윤두수를 비롯해 김명원 원수, 무장 이빈(李薲) 등이 정주에 도착했다.

'좌상이 도착하거든 정주에 머물러 있도록 하라'는 왕명을 전했으나 좌의정 윤두수는 아무런 말도 없이 바로 행재소를 향해 떠났다. 나 또한 김명원과 이빈에게 정주에 남아 지키도록 하고 임금의 행차를 뒤따라 용천으로 향했다. 그 무렵, 평양이 함락되었다는 소식이 전해지자 곧 왜적이 침략해 올 것이라 믿고 모두들 산골로 숨어들었다. 길에도 다니는 사람이 없었으며, 강가의 여러 고을 중에서도 강계 같은 고을이 그랬다.

내가 곽산(郭山)산성 아래에 도착하자 두 갈래길이 나타났다.

하졸에게 물었다.

"이 길은 어디로 가는 길이냐?"

하졸이 대답했다.

"귀성(龜城)으로 가는 길이옵니다."

내가 말을 세우고 종사관 홍종록을 불러 말했다.

"오면서 보니 창고들이 모두 비어 있는데 명나라 구원병이 오면 군량이 없어 큰일이다. 이 부근에서는 오직 귀성 한 고을만이 창고가 차 있는 모양이나 그곳 또한 아전과 백성들이 모두 도주했다 하니 곡식을 운반할 방법이 없구나. 그대는 전에 오랫동안 귀성에 있었으니 그곳 백성들은 그대가 왔다는 소식을 들으면 비록 깊숙이 숨었던 자들이라 할지라도 나타나서 전황을 들으려 할 것이다. 그러니 곧 귀성으로 가서 그런 백성들에게 '왜적은 평양성에서 아직 나오지도 않았고 명나라 구원병이 곧 도착할 것이다. 그러면 머지 않아 나라가 수복될 텐데 걱정거리라면 다만 군량이 부족하다는 것뿐이다. 너희들은 신분을 가릴 것 없이 모두가 힘을 합해서 곡식을 운반해 군량이 부족하지 않게 한다면 훗날 반드시 후한 상을 내릴 것이다'라고 해라. 그러면 한마음 한뜻으로 힘을 합쳐 정주 · 가산까지 군량 운반에 성공을 거두게 될 것이다."

내 말에 홍종록은 비장한 표정으로 귀성을 향해 떠났다. 그리고 나는 용천을 향해 말을 몰았다.

홍종록은 기축 옥사(정여립의 모반으로 인한 옥사 – 역주)에 연좌

되어 귀성으로 귀양 가 있던 중 임금께서 평양에 계실 때 불러들여 사옹정(司饔正 : 궁중 음식에 관한 일을 관장하는 우두머리 - 역주)에 임명했다. 그는 인품이 성실하고 참되어 나라 일이라면 자기 몸을 사리지 않고 온갖 험난한 일을 다 했다.

임금 행차가 의주에 닿았다.

명나라 참장(參將 : 부총병副總兵 바로 다음 장수 - 역주) 대모(載某)와 유격장군 사유(史儒)가 1개 부대씩 병력을 이끌고 왔다. 그들은 평양으로 내려가다가 임반역(林畔驛)에 닿았을 때 이미 평양이 함락되었다는 소식을 접하고 부대를 되돌려 의주로 와 주둔하고 있었다.

명나라 조정에서는 군사에게 나눠줄 은 2백 냥도 관원 편에 보내 의주에 도착했다.

이에 앞서 요동에서는 우리 조선에 왜적이 침략했다는 소식을 듣고 곧 명나라 조정에 알렸었다. 그러자 조정 의론은 구구했다. 심지어는 우리가 왜적의 앞잡이가 돼 길을 안내하고 있다고 의심하는 패들도 있었다. 그러나 오직 병부상서 석성(石星)만은 조선을 구원해야 한다고 강력히 주장했다.

당시 우리나라 사신 신점(申點)이 옥하관(玉河館)에 머물고 있던 때라 병부상서 석성이 불러들였다. 그러고는 요동에서 보고해 온 왜적의 침략 문서를 보여 주었다. 그것을 본 신점은 통곡을 했고 사신 일행과 조석으로 마치 임금께서 돌아가셨을 때처럼 곡을 했

116

다. 그리고 잇달아 구원병을 요청했다. 그에 병부상서는 황제에게 아뢰어 2개 부대를 출병시켜 국왕을 호위하도록 한 것이다. 은 2백 냥도 실은 그 경비였다.

신점이 통주(通州)에 돌아왔을 때 고급사(告急使 : 긴급한 문서를 지참한 사신 – 역주) 정곤수(鄭崑壽)도 뒤이어 도착했다. 병부상서 석성이 그를 안으로 부르더니 전황을 듣고는 눈물까지 흘렸다고 말했다.

사실 우리 조정에서는 잇달아 사신을 요동으로 보내 위급함을 알리는 한편 구원병을 요청했다. 또 우리나라와 합병할 것을 원하기도 했다.

왜적에게 평양이 함락되자 나라의 위급 상황은 극심해졌다. 마치 거꾸로 세운 병에서 물이 쏟아지는 듯, 그토록 아침 · 저녁이면 압록강까지도 왜적의 발밑에서 짓밟힐 지경으로 위급하기 때문에 명나라와의 합병까지도 바랐던 것이다.

불행 중 다행이라 할 수 있는 것은 평양을 함락한 왜적이 수개월이 지나도록 성안에서 별다른 움직임이 없었으며 순안이나 영유(永柔)를 비롯한 평양과 인접한 고을도 침략하지 않았다는 점이다. 그렇기 때문에 민심도 차차 진정이 되었고 패잔병들도 재정비될 수 있었다. 게다가 명나라에서 구원병이 들어와 나라의 변란이 회복되기 시작하는 기운이 감돌기 시작했다. 이는 참으로 하늘의 보살핌이라 할 수 있겠다.

7월, 요동 부총병 조승훈(祖承訓)이 5천 명의 구원 부대를 이끌고 왔다. 부대가 입국하기 전에 파병을 한다는 기별이 먼저 도착했었다. 그때 나는 치질로 고통이 심해 누워 지내고 있었다.

임금께서 좌의정에게 구원병을 맞이하고 군량을 준비하라고 명하셨다. 그래서 나는 종사관 신경진에게 다음과 같은 글을 올리게 했다.

'성상이 계신 곳에는 현직 대신이 윤두수 오직 한 사람뿐입니다. 그러니 그를 내보낼 수는 없습니다. 신이 이미 명나라 장수를 접대하는 명을 받고 있사오니 비록 병든 몸이오나 제가 나가겠습니다.'

7월 7일, 나는 아픈 몸이지만 행재소로 나아가 하직했다. 임금께서 부르시기에 엉금엉금 기다시피 가 뵙고 아뢰었다.

"명나라 구원병이 지나가는 곳이 있는 데서부터 남쪽 정주·가산에 닿기까지는 5천 명이 이틀 동안 먹을 것을 준비할 수 있사옵니다. 하오나 안주·숙천·순안 등 세 고을은 군량이 전혀 없사옵니다. 그러하오니 구원병들이 이곳을 지날 때에는 먼저 사흘 동안의 군량을 가지고 가서 안주 남쪽 지방의 군량에 대비해야 하옵니다. 구원군이 평양에 닿아 이내 수복하게 된다면 성안에는 양곡이 충분해 부족함이 없을 것으로 사료되옵니다. 그렇지 못해 성을 포위하고 여러 날이 걸리게 된다 하더라도 평양 서쪽의 강서·용강·함종 등 세 고을에서 힘껏 운반해 전선에 가져간다면 해결이 되리라 믿사옵니다. 이러한 여러 사정은 이곳에 있는 여러 신하들에게 명나라 장수와 긴밀히 연락하고 의논하여 융통성 있게 계획하고 편리한 방법으로 시행토록 하시옵소서."

임금께서는 내 말대로 시행케 하셨다.

내가 물러나오려 하자 웅담과 납약(臘藥 : 섣달에 내의원에서 제조한 약 - 역주)을 내려 주셨다. 그리고 내의원 하인인 용운(龍雲)이라는 자는 나를 5리나 부축하며 따라왔다가 통곡으로 전송했는데 그 울음소리는 전문령(箭門嶺)에 올랐을 때까지도 들렸다.

내가 곳이 있는 고을의 역참에 이르렀는데 이속이며 군졸들은 모두 다 도망쳐 한 사람도 없었다.

나를 따라온 군관을 보내 마을을 수색했다. 겨우 몇 명을 데리고 왔다.

내가 그들을 타일렀다.

"나라에서 여태 너희들을 길러온 까닭은 오늘날같이 나라가 어려울 때 쓰려고 한 것이다. 그렇거늘 어찌 도망을 칠 수가 있느냐! 지금은 명나라의 구원군이 이제 막 도착해 나라 일이 급하게 됐으니 힘껏 일해 공을 세워야 한다!"

공책을 꺼내 그들의 이름을 적어 그것을 보이고 나서 다시 말했다.

"훗날 이걸로 너희들 공로의 등급을 매겨서 임금께 아뢰어 상을 줄 것이다. 이 기록에 없는 자들은 평란이 된 후에 샅샅이 조사해 밝힐 것이며 죄 또한 면치 못할 것이다."

그러고 난 얼마 뒤 여럿이 잇달아 나타나 말했다.

"소인들은 잠시 볼일을 보러 나갔던 것이옵니다. 어찌 감히 신역을 피하겠사옵니까. 하오니 모쪼록 그 공책에 저희들 이름도 올려 주시옵소서."

나는 이런 일로 미루어 민심이 수습될 수 있음을 알고 각 고을에 공문을 보냈다. 즉 고공책(考功册)을 마련해 놓고 공로가 많고 적음을 상세히 기록해 서로 알리게 하라는 내용이었다. 그러자 그 얘기가 퍼져 사람들이 앞다퉈 나와 말먹이용 풀을 나르고 가마솥을 거는 등 많은 일들을 해냈다.

사실 나는 난리 때의 백성들에게 다급하게 일을 시키거나 무리하게 다루어서도 안 된다고 여겨왔던 터라 성심껏 타이르기만 했지 한 번도 매질을 한 적이 없었다.

정주에 도착되었다. 이미 홍종록은 귀성 백성들을 동원해 말 사료용 콩과 좁쌀 따위를 정주·가산에다 2천여 석이나 옮겨 놓았었다. 그러나 나는 여전히 안주에 도착될 구원병 군량이 걱정되었다. 그때는 마침 행재소에 보내기 위한 충청도 아산 창고의 세미(稅米) 1천2백 석이 선편으로 입암(立巖 : 정주와 가까운 곳-역주)에 정박 중이었다. 나는 기쁜 마음으로 곧 임금께 아뢰었다.

"먼 곳의 곡식이 미리 약속이라도 했던 듯이 때를 맞추어 도착했으니 이것은 하늘이 나라를 중흥케 도우신 게 아닌가 사료되옵니다. 원하옵건대 이 곡식을 모두 군량미로 충당케 하여 주시옵소서."

나는 수문장 강사웅(姜士雄)을 시켜 입암으로 달려가 쌀 2백 석씩 정주와 가산으로 옮기게 하고 8백 석은 안주로 옮기게 했다. 그러나 안주는 왜적이 있는 곳과 멀지 않았으므로 얼마간 배를 물에 띄운 채로 기다리게 했다.

첨사 장우성(張佑成)은 대정강에다, 첨사 민계중(閔繼仲)은 청천강에다 배 여러 척을 띄워 그 위에 널빤지를 얹어 깐 다리를 놓아 명나라 구원병이 건널 수 있게 했다. 그러는 동안 나는 안주로 가서 군량 보급을 살폈다. 그때에도 평양에 들어간 왜적은 아무런 동향이 없었다. 한편 우리는 순찰사 이원익이 병사 이빈과 더불어 순안을 지키고 있었으며 숙천은 도원수 김명원이 지키고 있었고 안주에는 내가 있었다.

7월 19일, 총병 조승훈이 군사를 거느리고 평양을 탈환하려 했으나 실패해 퇴각했고 유격 사유는 전사했다.

이런 사건이 있기 전 조승훈이 의주에 도착했을 때 사유는 선봉이 되어 군사를 이끌었었다.

조승훈은 원래 요동의 맹장으로 여러 차례 북쪽 오랑캐와 싸워 큰 공을 세웠었다. 그런 맹장이므로 이번 전투에서도 승리를 낙관했었다. 그는 평양으로 가기 전 우리 군사들에게 물었다.

"평양의 왜적은 벌써 도망가지 않았소?"

우리 군사가 대답했다.

"아직 물러가지 않았습니다."

이에 조승훈은 술잔을 들고 하늘을 올려 보며 이렇게 빌었다.

"왜적이 아직까지 그대로 있다 하니 이는 반드시 하늘이 내게 큰 공을 세우도록 기회를 주신 것입니다."

19일 밤 자정 무렵, 구원군을 출동시켜 평양을 쳤다. 그런데 예기치 못한 큰 비가 내렸기 때문에 성 위에 왜적 수비병이 없었다. 명나라 구원병은 칠성문으로 입성했다. 성안은 좁고 꼬불꼬불한 길이 많아 말을 달릴 수가 없었다. 그런데 왜적이 험한 지형을 이용하여 은폐한 자세로 조총을 마구 쏘아댔다. 그래서 유격 사유가 전사했다. 물론 구원군과 말들도 많이 죽었다. 결국 조승훈은 구원군을 퇴각시키지 않을 수가 없었다. 왜적의 추격이 다급하지 않았음에도 진흙에 빠져 행동이 부자유스럽게 된 구원군들은 왜적의 칼에 살해당했다.

패잔병을 이끈 조승훈은 순안 · 숙천을 거쳐 밤중에 안주에 닿게 되었다. 그는 성 밖에서 역관 박의검(朴義儉)을 불러 말했다.

"우리가 오늘 왜적을 많이 죽이기는 했으나 불행하게도 유격 사유가 전사했다. 또 날씨가 사나워 큰 비가 내렸기 때문에 진흙탕이 많아져 왜적을 섬멸치 못했다. 군사를 보충해 다시 올 것이니 너는 유성룡 재상에게 동요하지 말 것과 부교를 철거치 말도록 말해라."

그는 말을 달려 청천강과 대정강을 건넜다. 그리고 군사들은 공강정(控江亭)에 주둔시켰다.

싸움에 패한 조승훈은 적의 추격이 두려워 서둘러 두 강을 건너게 된 것이다.

나는 종사관 신경진에게 양식과 음식을 실어 보내고 패장을 위로하도록 했다.

조승훈의 군대가 공강정에 진을 친 지 이틀이 지나도록 밤낮없이 큰 비가 내렸다. 들 가운데 진을 치고 거처한 군사들의 옷이며 갑옷 등이 모두 물에서 금방 건진 듯 젖었으므로 그들은 모두 조승훈을 원망했다. 그리고 얼마 뒤 요동으로 돌아갔다.

민심의 동요가 염려된 나는 임금께 아뢰었다. 그대로 안주에 머물면서 뒤이어 올 명나라 구원군을 기다리게 해 달라는 계청이었다.

13. 왜란의 첫 번째 대승, 이순신

왜적이 거제 앞바다에서 크게 패망했다. 전라수군절도사 이순신, 경상우수사 원균, 전라우수사 이억기 등이 힘을 합친 결과였다.

사실 처음에는 대규모의 왜적이 상륙하자 원균은 감히 맞싸울 엄두를 내지 못했었다. 그는 전선 1백여 척과 화포를 비롯한 무기들을 모두 바다에 가라앉혔다. 그리고 데리고 있던 비장(裨將) 이영남(李英男)·이운용(李雲龍) 등만 네 척의 배에 나누어 태우고 달아나기 시작했다. 그들이 곤양(昆陽) 어귀인 바다에 이르러 가까스로 상륙하여 왜적을 피하려는 데 급급했었다. 사정이 이쯤 되자 그가 거느린 수군 1만여 명도 뿔뿔이 흩어지고 말았다. 그러자 이영남이 원균에게 간언했다.

"공께선 왕명으로 수군절도사가 되었잖습니까? 그런데 거느린 수군을 버리고 뭍에 오르신다면 훗날 조정에서 그 죄를 물을 때 뭐라 대답하시렵니까? 이제라도 늦지 않으니 전라수군에게 구원을 요청하여 왜적과 싸워본 뒤 그래도 패하게 된다면 그때 도망치는 게 옳은 일인 것 같습니다."

원균은 그 말이 옳은 듯했다. 그래서 곧장 이영남을 이순신에게 보내 구원을 요청하게 했다.

이영남에게 이순신은 이렇게 말했다.

"우리는 서로 맡은 경계가 다르지 않은가? 그런데 어찌 조정의 명령이 아닌데 내 마음대로 경계가 다른 데로 가 싸울 수가 있는가?"

이순신이 거절했지만 원균은 이영남을 대여섯 차례나 다시 보내어 구원을 요청했다. 이영남이 이순신의 허락을 얻지 못하고 돌아올 때마다 원균은 뱃머리에 앉아서 통곡을 했다.

얼마 뒤 이순신은 판옥선(板屋船 : 판잣집을 갑판 가운데에 올린 전선-역주) 40척을 거느리고 이억기와 만나기로 약속, 거제로 나왔다. 거기서 원균의 군사와 합세하여 견내량(見乃梁)까지 나와 왜적 전선(戰船)들과 맞서게 되었다. 그때 이순신이 말했다.

"여기는 좁은 데다가 얕기까지 한 바다라 배를 돌리기가 매우 어려우니 우리가 후퇴하는 척, 왜적을 유인해 넓은 바다로 나가 싸웁시다."

그러나 원균은 분노만을 앞세워 즉시 전투를 벌이자고 주장했다.

이순신이 말했다.

"공은 병법을 모르시오? 공의 뜻대로 한다면 기필코 패전할 것이오!"

이순신은 말을 마치자마자 곧 깃발 신호로 배를 거느리고 그곳에서 물러났다. 아니나 다를까 적선들은 크게 기뻐하며 앞다퉈 따라왔다. 그렇게 좁은 바다에서 빠져나온 이순신은 북을 치게 했다. 그 신호에 따라 우리 군선들이 일제히 방향을 바꿔 일렬로 벌려 섰다. 맞서게 된 왜적 전선들과의 거리는 수십 보에 지나지 않았다.

이 해전에 앞서 이순신은 거북선[龜船 : 당시는 '귀선'이라 칭함 – 역주]을 창안해 제작했었다. 배 지붕을 나무판자로 덮고 뱃머리에 머리를 만들었으므로 그 모양이 마치 거대한 거북이었다. 전투 군사와 노 젓는 군사들은 모두 배 안에 숨겨져 있게 하였으며 전후좌우에 화포를 많이 설치했다. 그리고 그 움직임은 마치 베틀의 북처럼 자유로웠다. 왜적의 배가 나타나면 다가가 대포로 박살 내었고 또 여러 척이 합세해 일시에 공격하니 그 연기와 불꽃이 하늘을 덮었다. 그렇게 하여 왜적의 전선은 수도 없이 불타고 가라앉았다.

왜적 장수가 배 안의 누각에 올라 있는데 그 높이는 서너 길이나 되었다. 그 망루는 붉은 비단과 화려한 천으로 둘러싸여 있었다. 그런 왜적의 전선들도 여지없이 거북선에서 쏘아 올린 대포에 산산이 부서졌고 왜적들은 죄다 물에 빠져 죽었다. 그 뒤에도 숱한 해전이 있었으나 번번이 패전해 부산이나 거제로 도망치고는 다시는 나오질 못했다.

또 이런 일도 있었다. 해전을 독려하다가 이순신은 적탄에 왼쪽

어깨를 맞았다. 피가 팔꿈치까지 흘러내렸으나 아무런 말도 않고 있다가 전투가 끝난 뒤에야 칼로 살을 베어 총알을 꺼냈다. 총알은 2촌(약 6센티미터) 깊이까지 박혀 있었다. 옆에서 보는 사람들도 차마 눈 뜨고는 못 볼 장면이라는 얼굴이었지만 이순신은 평상시와 전혀 다르지 않은 태도로 얘기하며 웃기까지 했다.

승전보가 조정에 도착했다. 임금께서는 대단히 기뻐하시며 이순신에게 정1품 벼슬을 내리시려 했다. 그러나 지나친 승진이라며 반대하는 의견들 때문에 정2품에 해당하는 정헌대부(正憲大夫)로 승진시켰다. 그리고 원균과 이억기는 종2품에 해당되는 가선대부(嘉善大夫)로 승진시켰다.

이에 앞선 때, 그러니까 평양을 함락한 왜장 고니시 유키나가가 이런 글을 보냈었다.

'우리 일본 수군 10여 만 명이 또 서해를 통해 상륙할 것인데 그렇게 되면 조선의 왕은 이제 어디로 갈 것이오?'

사실 왜적은 육군과 수군이 합세, 서쪽을 공략하려 했었다. 그러나 이번 견내량의 해전 한판으로 왜적은 크게 그 세력이 동강났다. 그러므로 고니시 유키나가는 평양을 점령하긴 했으나 후속 부대가 오지 못하게 되어 평양에서 더 진격할 수 없었던 것이다.

한편 당시 우리는 전라도·충청도·황해도·평안도의 바다와 가까운 지방들이 지켜지고 있어서 군량 보급이나 조정과의 연락이 두절되지 않아 나라의 중흥에 큰 영향을 미쳤다. 게다가 요동의 금주(金州)·복주(復州)·해주(海州)·개주(蓋州)·천진(天津) 등도 왜적으로부터 영향을 받지 않게 되어 명나라 구원 부대가 육로를 이용해 참전하였으므로 왜적을 물리칠 수 있게 된 것이다.

이런 모든 좋은 조건은 이순신이 단 한 번 해전에서 대승을 거둔 결과였다. 실로 하늘의 도움이 아니고 무엇인가.

그 해전 후, 이순신은 곧바로 경상·전라·충청 삼도의 수군을 거느리고 왜적의 서쪽 길을 튼튼히 막았다. 그때 삼도 수군의 본거지는 한산도(閑山島)였다.

한때 의금부 도사(都事)를 지내기도 했던 조호익(曺好益)은 강동(江東 : 평안남도 소재-역주)에서 모집한 군사를 거느리고 상원(祥原)에서 왜적을 토벌했다. 그는 본디 창원(昌原) 출신으로 지조가 굳고 덕행이 남달랐다. 그럼에도 무고를 당해 가족 모두가 강동으로 옮겨가 살아야만 했다. 빈곤한 가정이라 아이들을 가르치는 일로 20여 년이나 살림을 꾸렸었다. 그렇더라도 지조를 잃고 살지는 않았다.

평양의 임금 행차 때 조호익은 사면되어 의금부 도사가 되었다.

평양이 왜적에게 함락되어 버리자 조호익은 강동으로 가 군사를 모집, 평양을 구하려 했다. 그러나 이내 평양이 함락되고 군대와 백성들이 모두 뿔뿔이 흩어졌으므로 뜻을 이루지 못하고 행재소를 향해 떠났다.

양책역(良策驛)에서 조호익을 만나게 된 내가 말했다.

"명나라에서 보내는 구원병이 곧 올 것이네. 그러니 자네는 의주로 갈 게 아니라 다시 강동으로 가 군사를 모집해 명나라 군사와 합세해 평양에서 왜적에게 우리 기세를 드높여 보이도록 하게."

그는 내 말에 따랐다. 그리하여 나는 그러저러한 사정을 장계로 아뢴 뒤, 군대를 모아 일으킬 수 있는 공문을 만들어 주고 또 병기도 원조해 주었다.

과연 조호익은 강동에서 일으킨 군사 수백을 이끌고 상원으로 가 진을 치고 있다가 왜적과의 전투에서 수많은 적을 죽였다.

사실 그는 가난한 서생인지라 무예에는 익숙지 못했다. 그럼에도 충의 하나로 군사들을 격려하여 이끌었다. 동짓날이 되었을 때는 자기가 이끄는 군사 모두를 집합시켜 임금 계신 곳을 향해 네 번 절한 뒤 통곡으로 밤을 새웠다. 모든 군사들 또한 그를 따라 통곡지 않는 자가 없었다.

왜적이 전라도를 침략했다. 그때 왜적을 맞은 김제(金堤) 군수 정담(鄭湛), 해남(海南) 현감 변응정(邊應井)은 힘껏 싸우다가 애석하게도 전사하고 말았다. 그 전투는 왜적이 경상우도에서 전주를 향할 때 벌어졌다. 정담과 변응정이 웅령(熊嶺)에서 왜적이 넘어오는 것을 막기 위해 산길을 목책(木柵)으로 가로막고 장수와 군사들을 독려했다. 처음에는 하루종일 계속된 전투에서 활로 왜적을 숱하게 쓰러뜨렸었다. 힘이 부친 왜적이 후퇴하려 할 때쯤 안타깝게도 화살이 다 떨어진 데다 날이 저물었다. 그러한 우리 쪽의 낌새를 알아챘던지 왜적이 다시 맹렬하게 출격했고 그때 두 사람이 함께 전사한 것이었다.

왜적이 전주로 들어온 것은 그 이튿날이었다. 그 소식에 관리들

은 달아날 궁리에 바빴다. 그러자 전적(典籍)을 지냈던 이정란(李廷
鸞)은 성안으로 들어가 관리들과 백성들을 규합해 성을 지켰다. 당
시 왜적의 용맹스런 군사들이 웅령 전투에서 많이 전사했으므로 그
전의가 크게 꺾여 있었다. 감사 이광(李洸)은 성 밖에다 허수아비로
군사를 만들어 이곳저곳에다 많이 배치해 놓고 밤에는 산 여러 곳
에서 횃불을 밝혔다. 그 때문에 왜적들은 성 아래까지 왔다가 이리
저리 살펴보고 나서 되돌아갔다. 그러고는 감히 침략할 엄두를 내
지 못했다.

왜적은 웅령에서 전사한 우리 군사를 모아 길가에 큰 무덤을 만
들었다. 그리고 그 무덤 위에 '弔朝鮮國忠肝義膽(조조선국충간의담)'
이라 쓴 나무비를 세웠다. '조선의 충성스럽고 의로운 넋을 기린다'
는 뜻이다. 왜적들도 우리 군사들의 충의(忠義)를 칭찬하지 않을 수
가 없었던 것이다.

그 싸움으로 오직 전라도만은 왜적의 피해를 보지 않게 되었다.

8월 1일, 순찰사 이원익과 순변사 이빈이 평양성을 공격했으나
실패하고 돌아왔다.

그 무렵 이원익, 이빈은 수천 명이나 되는 부대를 이끌고 순안에
있었다. 그리고 별장 김응서(金應瑞) 등은 용강, 삼화, 증산, 강서
등 네 고을 군사로 20여 개 진을 결성, 평양 서쪽을 지키고 있었다.
수군은 김억추(金億秋)가 이끌고 대동강 하류에서 왜적을 협공하여
견제할 태세를 취했다.

그날 이원익 등이 평양성 북쪽에 군사를 출동시켜 왜적 선봉 20여 명을 쏘아 죽였다. 그러자 이내 왜적 대군이 몰려왔다. 그에 우리 군사들이 놀라 퇴각했다. 강변에서도 용감한 군사들의 사상자가 많아 결국은 순안으로 귀환해 진을 쳤다.

명나라 유격장군 심유경(沈惟敬)이 우리나라에 온 것은 9월의 일이었다. 제일 먼저 파견돼 온 조승훈이 패전하자 왜적은 한껏 교만을 떨었다. 그런 왜적은 '많은 양떼가 호랑이 한 마리를 치는 것과 다르지 않도다'라는 글을 우리 진중에 보낸 일까지 있었다. 양떼는 명나라 구원병 부대, 호랑이는 자기네를 비유한 글이었다. 그리고 왜적은 곧바로 서쪽을 공격할 것이라고 소문을 퍼뜨렸다. 그 소문에 의주 백성들은 모두들 피란짐을 꾸려 여차하면 떠날 기세였다.

심유경은 본래 절강성 사람이다. 상서 석성은 그가 왜국의 정세에 밝다고 여겨 그를 유격장군으로 칭해 출병시킨 것이다.

순안에 도착한 심유경은 왜장(倭將)에게 글을 보냈다. '조선이 왜국에 무슨 잘못을 저질렀기에 함부로 군사를 일으켰느냐?'는 명나라 황제의 교지를 전달하며 문책한 것이다.

그때 왜적은 움직임이 활발했고 그 잔혹함이 극에 달하여 아무도 그 군영을 가까이 하려 하지 않았었다. 그러나 심유경은 노란 보자기에 서찰을 싸 심부름꾼의 등에 지워 말을 태웠다. 그리고 그 말을 보통문 안으로 달려 보냈다.

왜장 고니시 유키나가가 그 편지를 보고 나서 '즉시 만나 의논하자'는 답서를 보내왔다.

심유경이 그에 응하려 하자 주위에서 모두들 말렸다. 심유경이 웃으며 말했다.

"저들이 어찌 나를 해칠 수 있단 말인가?"

그는 결국 서너 명의 부하를 거느리고 왜적의 군영으로 향했다.

고니시 유키나가를 비롯해 소 요시토시와 겐소 등이 위세등등하게 군대를 도열시키고 성 북쪽으로 10여 리 떨어진 강복산(降福山) 기슭으로 내려와 서로 만나게 되었다.

우리 군사들은 대흥산(大興山) 정상에 올라 그 광경을 살폈다. 수많은 왜적, 그들이 지닌 칼과 창이 눈처럼 눈부시게 했다.

말에서 내린 심유경이 적진으로 들어가자 사방에 도열해 있던 왜적들이 빙 둘러쌌다. 혹 심유경이 붙잡힌 것이 아닐까 싶을 정도였다.

날이 저물어서야 왜적들의 공손한 전송을 받으며 심유경이 돌아왔다.

이튿날 고니시 유키나가가 서신을 보내왔다. 안부를 묻고는 이어서 '대인께서는 창, 칼 속에서도 전혀 얼굴이 변하지 않으셨습니다. 비록 우리 왜국인이라 할지라도 그렇게 의연할 수 없겠습니다'라고 쓴 내용이었다.

심유경이 회답을 보내 이렇게 말했다.

"너희들이 당나라의 곽영공(郭令公 : 안녹산의 반란을 평정하고 토번의 침입을 막아냄 – 역주)을 모르고 있는가? 그는 단기(單騎)로 회

흘(回紇 : 터키 계통의 난폭한 부족 – 역주)의 수만 군부대에 들어가서
도 조금도 두려워하지 않았다. 그런데 내가 어찌 너희들을 두려워
하겠는가?"

그러고는 덧붙였다.

"내가 귀국해 황제께 아뢰면 반드시 어떤 처분을 내리실 것이다.
그러니 앞으로 50일간 왜군은 평양성 서북쪽 10리 밖에 나가 약탈
하지 말 것이며, 조선의 군사도 10리 안으로 들어가 왜군과 싸우지
말아야 한다."

그는 자기가 제시한 지점에 표지목을 세워 금지를 명시했다. 그
러나 우리나라 사람들은 왜 그러는 것인지 까닭을 알지 못했다.

경기 감사 심대(沈垈)는 삭령(朔寧)에서 왜적의 습격으로 사망했다.

그는 몹시 강직하고 의로운 사람이어서 왜란이 일어난 뒤 늘 울
분을 삭이지 못하고 있었으며 나랏일로 전쟁터를 드나들 때에도 안
위를 따지지 않았었다.

그해 가을, 권징의 후임으로 경기 감사가 된 그는 임금 계신 곳
에서 임지로 떠날 때 안주에 이르러 나를 백상루(百祥樓)로 찾아왔
다.

그는 국난에 대해 비분강개했다. 당장이라도 왜적과 맞붙어 싸
울 기세였다.

내가 그를 달래어 말했다.

"옛말에도 '밭을 가는 일은 종이 제일 잘한다'는 게 있지 않은가.

선비인 자네는 싸움터에서는 서툴지 않을 수 없어. 임지에 내려가면 고언백이라는 양주 목사가 있네. 그 사람은 용감할 뿐만 아니라 전투 경험도 많으니 자네는 군사를 수습해 고언백에게 거느리고 나가 싸움에 임하도록 하게나. 그래야 공을 세울 수가 있어. 그러니 자네는 직접 싸움에 임하지 말게나."

심대는 그냥 '예, 예' 했을 뿐 내 말에 따를 생각은 없는 듯했다. 그런 그가 군사도 거느리지 않고 왜적과 가까운 곳으로 가는 게 걱정스러워 활의 명수인 의주 출신 군관 장모(張某)를 불러 수행하도록 했다. 그렇게 떠난 지 수개월 동안 그는 행재소에 보고를 위해 보내는 아랫사람을 통해 내게 문안 편지를 전하도록 했다. 나는 그럴 적마다 경기도 내의 왜적들 동태와 심대의 일상 생활에 대해 물어보곤 했다. 그러자 한번은 그가 이렇게 대답했다.

"경기도는 다른 도보다 왜적의 피해가 심합니다. 왜적들이 거의 매일같이 저들의 진중에서 나와 불 지르고 노략질을 하는 통에 이제는 멀쩡한 곳이 없을 지경입니다. 그전의 감사와 수령을 비롯한 관원들은 모두 깊숙한 마을로 숨어 들어가 살았었습니다. 수행원도 없이 평복으로 눈에 띄지 않게 몰래 다니기도 했었습니다. 그리고 이곳저곳으로 숱하게 거처를 옮겼기 때문에 왜적으로부터 화를 입지 않았었습니다. 그런데 현 감사께서는 왜적을 조금도 두려워하지 않습니다. 지방에 순찰할 때도 먼저 공문을 띄운 뒤 깃발을 휘날리고 나팔을 불며 다니곤 합니다."

나는 그 말에 매우 염려되어 신중하고 조심하라는 충고의 서찰을 보냈다. 그랬음에도 심대는 그 태도를 바꾸지 않았다. 모집한 군사들로 하여금 자기를 따르게 했으며 한양을 수복하려 한다는 소문을 퍼뜨렸다. 비밀리에 수하를 성안으로 들어가게 하여 군사들을 모집했으며 그들에게 자기가 밖에서 성을 칠 때 안에서 대응케 했다. 성안의 백성들은 난리가 평정된 뒤에 혹시라도 왜적의 편에 섰었다는 죄라도 뒤집어쓰게 될까봐 연서명하여 성 밖에서 공격할 때 기꺼이 대응하겠다는 서장을 만들어 심대에게 보내기도 했다.

그런 인원은 백 명, 천 명으로 늘어났다. 그들은 병기 운반을 자청하기도 했고 왜적의 동태를 살펴오겠다느니 약속을 했다. 그러면서 거리낌 없이 왕래했다. 그런데 그중에는 왜적의 앞잡이가 있어 우리 쪽의 정보를 알아내 가기도 했다. 그럼에도 심대는 그들에게 의심을 품지 않았다.

심대가 삭령군(朔寧郡)에 있을 때의 일이었다. 그 사실을 알아낸 왜적은 어두운 밤을 틈타 대탄(大灘)을 건너와 급습했다. 몹시 당황한 심대는 잠자리에서 일어나 대충 옷을 입고는 도피했다. 그러나 왜적이 뒤쫓아 결국 피살당했으며 군관인 장모도 죽임을 당했다.

왜적이 물러가자 경기도 백성들은 그 시신들을 거두어 삭령군 땅에 임시로 장례를 치렀다. 그러나 왜적은 며칠 후 다시 와 심대의 머리를 잘라갔다. 그러고는 한양의 종로에 효수했다. 50~60일이 지났어도 심대의 얼굴은 마치 산 사람처럼 조금도 변함이 없었다.

한양 백성들은 그의 충절에 감동하고 그의 죽음을 애통해 하면서 재물을 모아 왜적에게 뇌물로 주고 심대의 머리를 돌려받았다. 그리고 그것을 강화(江華)로 옮겼다가 왜적이 물러간 뒤에는 시체와 함께 고향 땅에서 장례를 치렀다.

심대는 청송(靑松) 심씨며 그 아들의 이름은 대복(大復)이었다. 심대복은 아버지의 공로로 현감 벼슬에 이르렀다.

강원도 조방장인 원호는 귀미포(龜尾浦)에서 왜적을 섬멸한 공을 세웠다. 그런데 안타깝게도 춘천 전투에서는 패전하여 죽고 말았다. 그때 왜적의 부대는 충주에도, 원주에도 있었다. 그 부대는 한양까지 연결돼 있다시피 했다. 즉 충주에 있는 왜적의 부대는 죽산, 양지, 용인과 왕래가 잦았고 원주의 부대는 지평, 양근, 광주를 거쳐 한양으로 이어졌다.

원호는 여주 귀미포에서 왜적을 섬멸했고 이천 부사 변응성은 활을 잘 쏘는 군사를 배에 태워, 강을 다니다가 여주 마탄(馬灘)에서 수많은 왜적을 쏘아 죽였다. 사태가 그렇게 되자 원주와 이어지는 왜적의 통로가 끊어졌고 그로 인하여 왜적은 충주 길을 거쳐 진격해야만 했다. 그러니 자연 이천·여주·양근·지평 등의 고을 백성들은 왜적의 칼날에 희생되지 않게 되었다. 그곳 백성들은 자기네가 무사한 것이 다 원호의 덕이라고 칭송이 자자했다.

그때 순찰사 유영길이 원호를 독려해 춘천의 왜적을 소탕하게 했다. 원호는 여주 귀미포에서 크게 이겼기 때문에 왜적을 깔보았다. 그런데 왜적은 원호가 다시 싸움을 걸어올 것이라고 판단,

여러 곳에 군사를 매복시켜 놓고 있었다. 왜적의 복병이 있는 줄을 몰랐던 원호는 왜적을 치러 나가다 복병에 의해 살해된 것이었다. 그 전투로 그때부터는 전 강원도에서 왜적을 막을 만한 사람이 없게 되었다.

14. 각 고을에서 의병을 일으키다

영천(永川)의 왜적이 크게 패했고 드디어 영천은 수복되었다. 훈련원의 부봉사(副奉事) 권응수(權應銖)·정대임(鄭大任)이 그곳 의병을 거느리고 쳐부순 것이다.

원래 영천 출신인 권응수는 담력이 세고 용감했다. 그는 정대임과 더불어 1천여 명의 군사를 지휘해 영천성을 포위하려 했었다. 그러나 처음에는 군사들이 두려워하며 지휘에 응하지 않았다. 이에 권응수가 명령에 따르지 않는 몇 명을 추려내어 목을 베었다. 그것을 본 군사들은 앞다투어 성벽을 넘어 들어가 좁은 길에서 왜적을 공격했다. 왜적들은 당황해 창고로 들어가 숨기도 했고 한 떼는 명원루(明遠樓)로 올라가 위기를 모면하려 했다. 그러자 우리 군사들이 불을 질렀다. 왜적들은 불에 타 죽었다. 그 냄새가 몇 리 밖에까지 퍼졌다. 왜적 수십 명은 경주로 도망쳤다.

이 영천 전투 이후 신녕(新寧)·의흥(義興)·의성(義城)·안동(安

東) 등 여러 고을에 흩어져 있던 군사들이 모두 한곳에 집결하게 되었고 따라서 좌도(左道 : 동부지역 - 역주)는 대체로 평온을 되찾게 되었다. 영천 전투의 승리에 의한 결과였다.

경주를 수복한 것은 경상 좌병사 박진(朴晉)이었다.

사실 박진은 밀양에서 도망쳐 산속에 들어가 있었다. 그런데 병사(兵使) 이각(李珏)이 성을 버리고 도망쳤기 때문에 잡힌 곳에서 참수당했다. 그리고 그의 뒤를 이어 조정에서는 박진을 병사로 임명했다.

그 무렵에는 왜적이 각 고을에 득시글거렸기 때문에 행재소의 소식을 남쪽 지방에 전하지 못한 지 참으로 오래되었다. 그러니 자연 모든 고을의 민심이 들뜨고 불안했다. 그럴 때 박진이 병사로 임명되자 백성들도 안정이 되기 시작했고 흩어졌던 백성들뿐만 아니라 산속에 숨어 지내던 수령들도 나와서 일을 보기에 이르렀다. 조정이 제구실을 하고 있다는 믿음을 갖게 되었기 때문이다.

권응수가 영천을 수복한 뒤 박진은 좌도 군사 1만여 명을 이끌고 경주성으로 향했다. 그러나 왜적이 북문에서 밀려 나와 우리 부대를 뒤에서 공격했다. 박진은 어쩔 수 없이 안강으로 후퇴하고 말았다.

한밤에 박진은 군사들을 성 밑에 매복시켰다가 비격진천뢰(飛擊震天雷 : 요즘의 수류탄과 같은 대형 작렬탄 - 역주)를 쏘게 했다. 그 것이 성안 객사 마당에 떨어지자 왜적은 그것이 무엇인가 궁금해

하며 잔뜩 몰려들었다. 굴리기도 하고 들여다보기도 하던 중에 그 폭탄이 터졌다. 천지를 진동하는 소리와 함께 수도 없이 많은 파편이 사방으로 날았다. 30명도 넘는 왜적이 즉사했다. 파편에 맞지 않은 왜적들은 넋을 잃고 서 있었다. 왜적들은 그것이 어떤 원리며 또 어떻게 만들어졌는지를 몰랐으므로 하늘이 하는 일이라고 치부했다.

그 이튿날, 왜적은 드디어 성을 버리고 서생포(西生浦)로 도망치고 말았다. 그러자 박진은 성으로 들어갔고 왜적의 곡식 1만여 석까지 얻게 되었다.

이 사실이 조정에 알려졌다. 박진은 가선대부(嘉善大夫), 정대임은 예천(醴泉) 군수로 승진되었다.

비격진천뢰라는 무기는 전에는 없었다. 그런데 군기시(軍器寺)의 화토장인 이장손(李長孫)이 임진왜란이 시작된 직후 발명해 낸 것이었다. 이 진천뢰는 대완구(大碗口)라는 포에 장착하여 쏘면 5~6백보(1보는 약 180센티미터 – 역주)를 날아가 떨어지고 땅에 떨어진 한참 뒤에야 속에서 화약이 폭발한다. 왜적은 이 무기를 제일 무서워했다.

이 무렵, 여러 도(道)에서 일어난 의병들이 왜적을 물리친 일들이 속출하게 되었다.

전라도에서 의병으로 활동한 이는 전에 판결사를 지냈던 김천일(金千鎰), 첨지 고경명(高敬命) 그리고 영해(寧海) 부사를 지냈던 최

138

경회(崔慶會) 등이 대표적인 자들이었다.

김천일은 군사를 이끌고 경기도로 출격했다. 이 사실을 안 조정에서는 그를 갸륵히 여겨 창의군(倡義軍)이라는 부대 명칭을 내렸다. 그러나 얼마 안 되어 부대의 규모를 제대로 유지할 수 없어 강화도로 들어가게 되었다.

고경명은 문재(文才)가 뛰어난 자였다. 그는 의병을 조직해 이끌며 여러 고을에 격문을 보내는 한편 왜적을 토벌했다. 그러다 왜적에 패하여 전사하고 말았다. 그러자 그 아들 고종후(高從厚)가 아버지의 뒤를 이어 군사를 이끌게 되었다. 그 부대 이름은 복수군(復讐軍)이었다.

최경회는 경상우병사까지 승진했다가 진주에서 전사하고 말았다. 경상도 현풍(玄風)에 살던 곽재우(郭再祐), 전에 좌랑이었던 김면(金沔), 장령을 지냈던 합천(陝川)의 정인홍(鄭仁弘), 예안(禮安)의 김해(金垓)와 유종개(柳宗介), 초계(草溪)의 이대기(李大期), 군위(軍威)의 장사진(張士珍) 등도 크게 활약했다.

곽재우는 지략이 뛰어났으므로 여러 차례 왜적을 무찔렀다. 정암(鼎巖) 나루를 끝까지 지켜 왜적이 의령 땅에 발을 들여놓지도 못하게 한 것이 순전히 곽재우의 공이라고 사람들마다 칭송했다.

김면은 이미 고인이 된 무장 김세문(金世文)의 아들이다. 그는 거창 우척현(牛脊峴)에서 왜적을 여러 번 물리쳤다. 그 사실이 조정에 알려져 우병사로 승진까지 되었으나 안타깝게도 군중에서 병사하고 말았다.

유종개는 의병을 일으켜 이끈 지 얼마 안 되어 왜적과의 전투에서 전사했다. 조정에서는 그의 뜻을 기려 예조참의를 증직(贈職)했다.

장사진은 여러 차례에 걸쳐 왜적을 숱하게 막았다. 그러므로 왜적들조차도 그를 '장 장군'이라 높여 불렀고 따라서 그가 있는 군위 땅에는 발길을 들여놓지도 못했었다. 한번은 왜적이 복병을 여러 군데에 매복시켜 그를 유인했었다. 그 유인책에 걸려들었을 때도 오히려 큰 소리로 외쳐대며 물러설 생각조차 하지 않았다. 화살이 다 떨어져 잠시 공격을 멈추었을 때 왜적 하나가 그의 한쪽 팔을 잘라 버렸다. 그래도 그는 남은 팔로 계속 싸움에 임했다. 그러다가 결국은 죽고 말았다. 이 사실을 알게 된 조정에서는 수군절도사를 증직했다.

충청도에서는 승려 영규(靈圭), 제독관을 지냈던 조헌(趙憲), 전 청주목사 김홍민(金弘敏) 등을 비롯해 이산겸(李山謙), 박춘무(朴春茂), 이봉(李逢) 그리고 충주의 조덕공(趙德恭), 조웅(趙雄) 등이 활약했다.

승려인 영규는 용맹하고 전투에도 능하여 조헌과 함께 청주를 수복했다. 그러나 그들은 그 뒤 패전으로 모두 전사했다.

경기도에서는 사간(司諫)을 지냈던 우성전(禹性傳), 전 정랑 정숙하(鄭叔夏)를 비롯하여 수원의 최흘(崔屹), 고양의 이로(李魯), 이산휘(李山輝), 남언경(南彦經), 김탁(金琢), 홍계남(洪季男), 왕옥(王玉) 등이 활약했다. 이들 중에서 가장 사납고 용맹스러운 자가 홍계남

140

이었다.

이외에는 모두 자기 고을에서 1백여 명 혹은 수십 명씩 사람들을 모아 의병을 일으켰다. 비록 의병의 수는 이루 헤아릴 수 없을 만큼 많았으나 특별히 내세울 만한 공적은 없었다. 다만 이리저리 이동하는 동안 시일만 흘렀다.

또 승려 유정(惟政)은 금강산 표훈사에 있었다. 왜적이 근접하자 절에 있던 모든 승려들이 절을 떠났다. 그러나 유정만은 꼼짝 않고 있었다. 그의 모습에 왜적들은 감히 가까이 가지도 못했을 뿐만 아니라 합장하여 경의를 표하며 물러나곤 했다.

나는 안주에 있을 때, 국난을 극복하기 위해 각 고을에서 군사를 일으켜야 한다는 공문을 사방으로 띄웠다. 이 공문은 금강산에도 띄웠는데 유정은 그것을 불탁(佛卓)에 올려 놓고는 모든 승려들에게 보이며 눈물을 흘렸다. 모든 승려들이 뜻을 모아 승군(僧軍)을 조직했다. 그 승군들은 나라에 충성코자 서쪽으로 진출, 평양에 이르렀다.

승군부대의 인원은 천여 명에 달했다. 그들은 평양성 동쪽에 진을 치고 순안의 우리 군사들과 합세해 큰 부대를 이룬 셈이었다.

뿐만 아니라 종실(宗室) 호성감(湖城監)인 이주(李柱)라는 이도 군사 1백여 명을 거느리고 임금 계신 곳으로 달려갔다. 조정에서는 그를 호성도정(湖城都正)으로 임명해 순안에 주둔케 하여 대부대와 힘을 합치게끔 했다.

또 북도(北道)에서는 평사(評事 : 무관의 벼슬-역주) 정문부(鄭文

孚)와 첨사 고경민(高敬民)의 공로가 가장 컸다.

이일을 순변사로 삼는 한편 이빈을 행재소로 오게끔 했다.

이일은 전에 대동강 나루를 지키고 있다가 평양성이 함락되자 강을 건너 황해도로 가 해주에서 머물렀다. 그러고는 해주에서 다시 강원도 이천(伊川)으로 갔다. 거기서 세자를 따라 수백 명의 군사를 모집했다. 그 무렵 평양성으로 들어간 왜적은 오래도록 나오지 않았었다. 명나라에서 보낸 구원군이 도착한다는 말을 들은 이일은 평양에서 동북쪽으로 10여 리 떨어진 임원평(林原坪)에다 진을 쳤다. 그러고는 의병장 고충경(高忠卿)과 합세하여 많은 왜적을 죽였다.

이빈은 순안에 주둔하고 있었다. 그러나 진격할 때마다 항상 패전했다. 이에 모두들 이빈 대신에 이일을 기용하자고 했다. 그러나 원수 김명원은 그 의견에 반대했다. 상황이 이렇게 어지러워지자 조정에서는 내게 순안 군진으로 들어가 수습하도록 했다. 그런데 이내 조정의 여러 의견도 이일이 이빈보다 낫다고 했다. 그런 데다 장차 보게 될 명나라 구원병과의 관계에서도 이빈은 그 소임을 충실하게 수행치 못할 것이라는 염려 때문에 이일이 이빈을 대신하도록 결정했다. 그렇게 되니 이일이 이끌던 군사는 박명현(朴名賢)이 넘겨받게 됐다. 이빈은 할 수 없이 행재소로 돌아오게 되었다.

왜적의 간첩인 김순량(金順良)을 체포했다. 나는 안주에서 군관 성남(成男)에게 전령(傳令 : 명령서)을 주어 순군장 김억추에게 전하도록 했다.

12월 2일에 보낸 그 전령의 내용은 '왜적을 공격하라. 그리고 6일 안으로 전령을 돌려보내라'는 것이었다. 그럼에도 전령은 돌아오지 않았다.

내가 성남에게 힐문했다. 그러자 그가 대답했다.

"벌써 강서(江西)의 김순량이라는 군사를 시켜 돌려보내게 했습니다."

나는 김순량을 잡아들여 전령이 어디 있는지 물었다. 그러자 그는 전혀 모르는 일이라는 투로 말했다. 성남이 말했다.

"김순량이 전령을 가지고 간 지 며칠 뒤 돌아왔는데 그때 소 한 마리를 끌고 왔습니다. 그리고 그 소를 잡아 제 패거리들과 나눠 먹었습니다. 사람들이 어디서 난 소냐고 묻자 친척에게 맡겼던 자기 소라고 했답니다. 그자의 말이며 행동 등이 아무래도 수상쩍었습니다."

나는 김순량을 철저하게 고문하라고 명했다. 그 결과 다음과 같이 자백했다.

"소인은 왜적의 간첩입니다. 성남에게 받은 전령과 비밀 공문을 평양성의 적에게 주었습니다. 적장은 공문을 보고 나더니 찢어 버렸고 전령은 책상 위에 두었습니다. 제게는 상으로 소를 주었고 저와 함께 그 일을 한 서한룡에게는 비단 다섯 필을 주며 보름 안으로 다른 기밀을 탐지해 오라고 했습니다."

내가 다시 물었다.

"첩자는 너희 둘뿐이냐, 아니면 또 있느냐?"

김순량이 대답했다.

"대충 40명쯤 됩니다. 그자들은 대개 순안이나 강서의 여러 진
(陣)에 숨어들어 있고 숙천·안주·의주 등 없는 곳이 없습니다. 그
자들은 기밀을 탐지하면 곧장 적진에 보고합니다."

놀란 나머지 나는 임금께 장계를 올렸다. 그리고 각 진에 통보
해 잡아들이도록 했다. 놓친 자들도 꽤 되었다. 김순량은 목을 베
었다.

이 일이 있고 얼마 후 명나라 지원군이 왔으나 왜적은 그 사실을
몰랐었다. 간첩 무리들이 흩어지고 도망쳐 첩자 노릇을 하지 못했
기 때문이었다. 참으로 다행한 일이고 하늘의 도움이라 아니할 수
없겠다.

제3부

...

왜적의 철군, 정유재란의 기록

15. 명나라 대부대 지원군의 도착

12월, 명나라에서 대부대를 파견하였다. 그 지휘자들과 병력의 규모는 이렇다.

병부우시랑인 송응창(宋應昌)은 경략(經略)으로, 병부원외랑 유황상(劉黃裳)과 병부주사 원황(袁黃)에게 군무(軍務)를 맡게 하여 요동에 주둔케 했다. 제독 이여송(李如松)을 대장으로 임명하여 삼영장 이여백(李如栢), 장세작(張世爵), 양원(楊元)과 남방장수 낙상지(駱尚志) 등을 거느리고 압록강을 건너게 했다. 그들이 이끌었던 군사는 총 4만이었다.

그보다 먼저 파견되었던 심유경이 귀국한 뒤 왜적은 움직임이 없었다. 그가 내세웠던 50일이 경과했어도 다시 오지 않자 왜적은 속았다는 생각으로 이렇게 소문을 퍼뜨렸다.

'우리는 정월에 우리 말에게 압록강 물을 먹일 것이다.'

또 왜적 군중에서 도망쳐 나온 사람들은 왜적들이 성을 공격할 때 쓸 기구와 무기를 대대적으로 정비하고 있다고 했다. 그런 소문과 소식에 많은 사람들이 두려움에 휩싸여 있었다.

다시 온 심유경이 평양성으로 들어간 것은 12월 초였다. 그는 평양성에서 며칠이나 묵으며 왜적과 약속을 했다고 하나 그 내용이 무엇인지는 듣지 못했다.

그때 명나라 지원군 부대는 안주에 당도하여 성 남쪽에 진을 쳤다. 깃발과 병기가 잘 정돈되었고 규율이 엄하여 마치 이 세상 군대가 아닌 듯했다.

나는 이여송 제독과 의논할 일이 있어 만나기를 청했다. 이 제독이 동헌에 나와 나를 맞이했다. 그는 풍채가 아주 좋았다.

서로 마주 앉게 되었을 때 나는 평양 지도를 꺼내 놓고 그곳의 지세와 군사들이 들어갈 수 있는 길 따위를 가리켰다. 이 제독은 내 말을 주의 깊게 들으며 내가 가리키는 곳마다 붉은색 붓으로 점을 찍어 표시하고는 말했다.

"왜적은 단지 조총만을 믿을 따름이오. 그런데 우리는 대포가 있소. 대포는 5~6리(2~3킬로미터 - 역주)나 날아가 떨어진다오. 왜적이 그걸 당해 낼 도리가 없지요."

내가 나온 뒤, 이 제독은 부채 앞면에 이런 시를 써서 보내 주었다.

提兵星夜渡江干 爲說三韓國未安
제 병 성 야 도 강 간 위 설 삼 한 국 미 안

明主日懸旌節報　微臣復釋酒杯歡
명 주 일 현 정 절 보　미 신 복 석 주 배 환

春來斗氣心逾壯　此去妖氣骨已寒
춘 래 두 기 심 유 장　차 거 요 기 골 이 한

談笑敢言非勝算　夢中常憶跨征鞍
담 소 감 언 비 승 산　몽 중 상 억 과 정 안

군사 이끌고 밤을 틈타 압록강 건넜네
삼한(三韓 : 조선 – 역주)이 편안치 못하기 때문
명나라 황제 날마다 첩보를 기다리시니
이 신하 밤에는 술을 즐길 수 없었네
봄날 북두성 기운에 마음은 더욱 장한데
이제는 왜적들 뼈가 시릴 테지
담소하고 있은들 어찌 승산이 없으랴
꿈속에서도 늘 싸움터에서 말달리고 있네

안주성 안은 명나라 지원군으로 가득 차 있었다. 내가 백상루(百祥樓)에 있는데 밤중에 명나라 군사 하나가 찾아왔다. 그는 군사 기밀 3항목을 가지고 와서 보여 주었다. 그래 이름을 물었지만 밝히지 않고 그냥 가 버렸다.

이여송 제독은 부총병인 사대수(查大受)를 순안으로 보내 왜적에게 거짓말을 하게끔 시켰다.

"우리 명나라 조정에서는 이미 화친할 것을 허락한 상태이고 따라서 유격장군 심유경도 곧 도착할 것이오."

그 말에 왜장은 기뻐했고 겐소는 다음과 같은 시까지 적어 보냈다.

扶桑息戰服中華　四海九州同一家
부 상 식 전 복 중 화　사 해 구 주 동 일 가

喜氣忽消寰外雪　乾坤春早太平花
희 기 홀 소 환 외 설　건 곤 춘 조 태 평 화

부상(扶桑 : 동쪽 바다 해 뜨는 곳, 즉 일본을 뜻함－역주)이 전쟁을
마쳐 중화(명나라－역주)를 복속시켜
사해(四海 : 중국 이외의 뭇 나라－역주) · 구주(九州 : 중국－역주)
한가족이로다
기쁜 기운이 온 세상의 눈을 녹이니
하늘 · 땅에 이른 봄이건만 태평한 꽃이로다

계사년(癸巳 : 1593, 선조 26) 정월 초하루, 왜적은 지휘관 다케우치 기치베에게 20여 명의 군사를 거느리고 순안에 와서 심유경을 맞이하도록 했다.

총병 사대수는 그들을 술자리로 유인하여 술을 마시다가 복병으로 하여금 치게 했다. 지휘관은 사로잡고 그를 호위했던 왜적은 거

의 다 죽었다. 간신히 위기를 모면한 3명만이 제 나라 진영으로 도망쳤다. 그 일로 왜적 진영에서는 명나라의 지원군 대부대가 파견된 것을 알고 큰 혼란이 일었다.

명나라 대부대가 이미 숙천까지 와 있던 때였다. 진을 친 뒤 저녁 무렵에 밥을 짓고 있자 보고가 들어왔다. 그러자 제독은 즉시 활줄을 당겨 공격을 알리는 시위 소리를 냈다. 그는 즉시 기병 몇 명을 거느리고는 순안을 향해 말을 달렸다. 여러 진영의 군사들이 그 뒤를 이어 진격했다.

이튿날 아침, 평양성을 포위하고 보통문과 칠성문을 공격했다.

왜적들도 홍기와 백기를 세우고 성 위에 올라 대항했다. 명나라 군사들은 왜적을 불화살과 대포로 공격했다. 그 대포 소리는 천지를 뒤흔들었고 수십 리 사이의 크고 작은 산들까지 요동케 했다.

총총하게 하늘을 누비며 날아가는 불화살로 연기가 가득했다. 성안으로 떨어지는 족족 불을 냈으므로 곳곳에서 불길이 치솟았으며 나무들까지 모두 태워 버렸다.

뒤이어 낙상지·오유충 군사들을 개미떼처럼 성벽에 붙어 오르게 했다. 앞서 오르던 군사가 왜적에 의해 떨어지면 뒤에서 오르던 군사가 그 자리를 채우곤 하여 성벽에는 군사가 줄지 않았다. 왜적들의 창칼이 마치 고슴도치처럼 성곽 위에서 아래로 뻗쳐져 있었지만 명나라 지원군들은 두려워 않고 용감하게 기어올랐다. 결국 왜적들은 더 이상 어쩔 도리가 없이 내성(內城)으로 후퇴하고야 말았다. 칼과 창에 찔리고 혹은 불에 타 죽은 시체들이 너무나 많았다.

명나라 지원군들은 성안으로 진격하여 계속 내성을 공격했다. 내성의 왜적들은 성 위에다 흙벽을 쌓고 벌집처럼 수많은 구멍을 뚫어 놓고 있었다. 그 구멍을 통해 조총을 마구 쏘아 댔다. 그래서 명나라 지원군들도 많이 상했다.

이 제독은 궁지에 몰린 왜적들이 죽음을 무릅쓰고 대항할 것이 염려되었다. 그래서 일단 달아날 길을 터 주기로 하고 지원군을 성 밖으로 철수케 했다. 그러자 왜적들은 그날 밤, 얼어붙은 대동강을 건너 도주했다.

그에 앞서 내가 안주에 있을 때였다. 곧 명나라에서 대부대를 파견한다는 말을 듣고 황해도 방어사 이시언(李時言) · 김경로(金敬老)에게 비밀리에 통지했다. 왜적이 후퇴하는 길목을 지키고 있다가 요격하라는 것이었다. 거기에다 또 이렇게 덧붙였다.

"그대들이 거느린 두 군대가 길가에 매복해 있다가 왜적이 지나는 것을 기다린 연후에 바짝 그 뒤를 추격한다면 왜적들은 굶주림과 피곤으로 전의를 상실할 테니 어렵잖게 잡을 수 있소."

나의 통지에 이시언은 곧장 중화군(中和郡)으로 갔다. 그러나 김경로는 딴 일을 핑계 삼아 냉큼 떠나지 않았다. 나는 군관 강덕관(姜德寬)을 시켜 독촉하게 했다. 그제야 김경로는 마지못해 중화군으로 왔다. 그러나 왜적이 퇴폐하기 하루 전날 황해도 순찰사 유영경(柳永慶)의 공문을 받고는 재령으로 도망치고 말았다. 그때 유영경은 해주에 있었는데 김경로가 자기를 호위해 달라고 했었다. 김경로는 왜적과 전투하기를 꺼려 도망쳤던 것이다.

왜장 고니시 유키나가·소 요시토시·겐소·야나가와 시게노부 등이 남은 군사를 이끌고 밤새도록 도망쳤다. 기진맥진하였고 부르튼 발로 절룩이면서 갔다. 밭고랑을 기어가다가 사람을 만나면 먹는 시늉을 해 보이며 구걸하기도 했다. 그런데도 우리나라 백성 중에 어느 한 사람도 나서서 왜적을 치려 들지 않았고 명나라 군사들도 추격하지 않았다. 그러나 이시언만이 그들을 뒤쫓았다. 그런 그 역시 선뜻 왜적 가까이까지는 다가가질 못했다. 굶주리고 병들어 뒤처진 왜적 60여 명만을 베어 죽였을 따름이다.

그 무렵 왜적 장수로 한양에 남아 있었던 자는 다이라 히데이에 뿐이었다. 그는 관백 도요토미 히데요시의 조카라는 얘기도 있었고 또 사위라고도 알려져 있었다. 어린 나이라서 군무를 주관하지 못했으므로 군무는 고니시 유키나가가 주관했다. 이때 가토 기요마사는 함경도에서 돌아오지 않은 상태였다.

만약에 고니시 유키나가·소 요시토시·겐소·야나가와 시게노부 등이 우리에게 사로잡히기라도 했다면 한양의 왜적들은 저절로 무너졌을 것이다. 그렇게 되었다면 가토 기요마사는 돌아갈 길조차 끊어지게 되어 왜적 부대는 갈팡질팡하다가 어쩔 수 없이 바닷길을 택하여 폐주했을 게 틀림없다. 그러나 실은 그 바닷길도 그다지 수월치는 못한 것이었다. 이렇듯 한강 이남의 왜적 진영이 하나하나 깨진다면 명나라 지원군들은 승전고를 울리며 부산까지 이르게 될 것이고 거기서 승전을 축하하는 술을 마시게 될 터이다. 단

기일에 우리 금수강산은 왜적에 의해 더럽혀진 것을 깨끗이 씻어내고 그 뒤로도 오랫동안 왜적에 의해 시끄러울 일이 없게 되었을 것이다.

상황이 이렇거늘 김경로 하나의 잘못으로 천하의 평화를 그르치게 되었으니 참으로 통탄할, 애석하기 짝이 없는 노릇이 아닐 수 없었다.

나는 김경로를 사형에 처하도록 임금께 장계를 올렸다. 평안도 체찰사였던 나의 관할 밖에 김경로가 있었기 때문이었다. 조정에서는 선전관인 이순일(李純一)을 개성부로 보내 목을 베게 했다. 그런데 이순일은 김경로를 죽이기 전에 먼저 제독에게 자기가 온 목적을 얘기했다. 제독이 그 말을 듣고 이렇게 말했다.

"죽어 마땅한 죄이긴 하나 아직 왜적을 완전히 섬멸하지 못한 마당에 한 사람의 무사라도 살려 두는 게 더 좋지 않겠소? 내 생각은 얼마 동안 그에게 아무런 직책을 주지 않고 백의종군하도록 하여 공을 세워서 지은 죄를 사면받을 수 있게 하는 것이 옳을 듯하외다."

제독은 명나라가 우리 조정에 보내는 문서를 작성하여 이순일에게 주어 보냈다.

이일의 순변사 직책을 이빈에게 다시 맡겼다.

평양성의 전투에서 명나라 부대는 보통문으로, 이일 · 김응서가 이끄는 군사들은 함구문을 공략해 들어갔다. 한바탕 벌어진 싸움을 끝내고 우리 진영은 모두 성 밖으로 나와 진을 치고 있었다.

그날 밤, 왜적들이 모두 성 밖으로 도망쳤는데 그 사실을 이튿날 아침에야 뒤늦게 알게 되었다.

이 제독은 우리의 경비가 허술해 그런 중대한 일이 일어난 것을 몰랐다며 책임을 모두 우리 조선군에 돌렸다. 그러자 전에 순안을 오가며 이빈과 친교를 맺은 명나라 장수 하나가 이일을 헐뜯으며 이렇게 말했다.

"이일은 원래 장수가 될 만한 사람이 아닙니다. 이빈이 훨씬 더 나을 듯합니다."

이 말을 들은 제독은 우리 조정에 공문을 보내 그런 뜻을 알렸다.

조정에서는 좌의정 윤두수를 평양으로 보내 이일의 죄를 심문하여 군법으로 다스리려 했다. 그러나 곧 이일을 석방하고 이빈을 다시 순변사로 임명, 기병 3천을 뽑아 남쪽으로 진군하는 이 제독을 따르도록 했다.

16. 한심스런 제독, 이여송

파주까지 진군하여 벽제 남쪽에서 벌인 왜적과의 전투에서 패한 이 제독은 다시 개성으로 돌아와 진을 쳤다.

평양성이 수복되자 대동강 이남의 왜적들은 모두 도망쳤다. 이 제독은 왜적을 추격하기 위해 내게 말했다.

"이제 우리 대부대가 계속 진격하려고 하오. 그런데 듣기로는 우리가 진격하는 여러 곳에 군량과 말 먹을거리가 없다고 합디다. 그러니 공께서는 나라의 대신으로 앞날을 생각하셔서 수고롭다 생각지 마시고 급히 군량 등에 부족이 없도록 철저히 준비를 해 주셨으면 하오."

내가 이 제독과 작별하고 나왔을 때, 명나라 지원군 선봉대는 이미 대동강을 건너 남쪽으로 진군하고 있었다. 내 말은 그 부대의 진군으로 길이 막혀 빨리 갈 수가 없었다. 나는 할 수 없이 옆길로 빠져 말을 달려 명나라 선봉대를 앞지를 수 있었다.

나는 그날 밤, 중화군을 거쳐 황주에 닿게 되었다. 그때가 삼경 (三卿 : 밤 열두 시경 ─ 역주)이나 된 시간이었다.

왜적이 물러간 지 얼마 되지 않았기 때문에 곳곳이 모두 황폐했고 텅텅 비어 있었다. 백성들을 모을 수도 없었다. 아무런 대책을 세울 수가 없는 상태였다.

나는 급히 황해 감사 유영경에게 공문을 보냈다. 군량 운반을 재촉하는 내용이었다. 평안 감사 이원익에게도 공문을 띄워 김응서 등이 거느린 부대에서 전투에 임할 수 없는 군사를 징발하도록 했다. 그것은 곧 평양의 곡식을 운반하여 명나라 부대가 황주에 도착하면 뒤이어 그 곡식도 닿게 하려는 지시였다. 또 평안도 세 고을의 곡식은 선편으로 청룡포(靑龍浦)를 거쳐 황해도에 닿게끔 했다. 그러나 이런 일들은 미리 계획된 것이 아니라 임시변통으로 급히 세운 대책이었다. 명나라 지원군의 대부대에 군량을 제때에 대지 못할까봐 여간 걱정스럽지 않았다. 걱정이라기보다 애가 탔다.

유영경이 갈무리해 둔 곡식은 꽤 많았다. 이는 왜적이 약탈해 갈 것이 염려스러워 산골에 감춰 두었던 것이다. 백성들을 동원, 운반해 군대가 통과할 곳에 저장했다. 군량이 부족하지 않게 하기 위함이었다. 그런 조치가 취해진 지 얼마 뒤 대부대가 개성부에 입성했다.

1월 24일, 왜적은 한양에서 총집결했다. 왜적은 백성들이 군사들과 합세할까 두려워했으며 평양성에서의 패전을 앙갚음하기 위해 한양 백성들을 닥치는 대로 잡아 죽였다. 또 관청은 물론 일반인의 가옥들도 불태웠다. 그러는 사이 서도(西道)에 진을 치고 있던 왜적 부대도 한양으로 와 집결했다. 명나라 지원 부대를 방어하려는 것이었다.

나는 이 제독에게 속히 진격할 것을 잇달아 간청했다. 그러나 제독은 여러 날 주저하다가 겨우 파주에까지 진격했다.

이튿날 부총병인 사대수가 조선 장수 고언백과 더불어 수백 군사를 거느리고 적진을 정탐했다. 그러던 중 왜적을 벽제역 남쪽 여석령(礪石嶺)에서 만나게 되어 전투가 벌어졌으며 왜적 1백여 명을 사살했다.

이런 전황을 들은 이 제독은 대군은 그냥 진중에 둔 채 수행 노복과 1천 기병을 이끌고 전쟁터로 향했다. 그런데 혜음령(惠陰嶺)을 넘어가다가 말이 쓰러지는 바람에 땅바닥에 떨어졌다. 여러 부하들이 급히 일으켜 세웠다. 바로 그때 대부대의 왜적이 여석령 뒤에 매복해 있었으며 몇 백 명은 고개 위에 정비해 있었다.

이를 바라본 이 제독은 부대를 좌우로 나누어 진격했다. 그러자 왜적들도 고개에서 내려왔으므로 양쪽 군사의 거리는 차츰차츰 좁혀졌다. 잠시 후 고개 뒤에 매복해 있던 왜적이 대거 고개 위로 그 모습을 드러냈다. 1만여에 가까운 병력이었다. 그것을 본 명나라 군사들은 잠시 멈칫했으나 이미 접전 상태였으므로 어찌할 도리가 없었다.

그날 이 제독이 거느린 지원군은 모두가 날랜 북방의 기병이었다. 그러나 그들은 총을 지니지 않은 데다가 칼도 짧고 무딘 것이었다. 반면에 왜적들은 모두가 보병들로 그들이 지닌 칼은 그 길이가 서너 자(1미터가 넘음 – 역주)나 되는 예리한 것이었다. 그런 왜적들과 맞붙어 싸우게 되었으니 불리하기 짝이 없었다.

왜적들이 긴 칼을 좌우로 휘둘러 쳐 댔으므로 명나라 군사는 물론 말들도 픽픽 쓰러져 도저히 오래 대적할 수가 없게 되었다.

형세가 위급해지자 이 제독은 지원병을 찾았으나 아직까지 일선에 도착하지 않았었다. 기병들은 죽거나 부상당한 자들이 너무나 많았다. 그런데 다행한 것은 왜적들이 산재한 군사를 한 곳에 정렬시킬 뿐 더 이상 추격하지 않았다는 점이었다.

그런 채로 날이 저물었다. 이 제독은 파주로 후퇴해 왔으나 패전한 것을 숨기고 있었다. 그러나 몹시 자존심이 상한 데다가 오랫동안 자기를 보좌해 왔던 노복들과 아끼는 신하들의 전사로 인한 슬

품을 감출 길이 없어 늦은 밤까지 통곡했다.

이튿날, 나는 우의정 유홍과 도원수 김명원 그리고 순변사 이빈과 함께 이 제독의 장막 앞에 이르렀다. 그때 이 제독은 동파(東坡)로 후퇴하려고 장막을 나서는 중이었다. 이미 여러 장수들이 좌우로 도열해 있었다.

내가 강력한 어조로 말했다.

"승패는 무장들에게 있어 흔한 일이 아닙니까! 그러니 마땅히 왜적의 동태를 다시 정찰하여 진격해야만 합니다. 어찌 이렇게 경솔하게 후퇴하십니까?"

이 제독이 말했다.

"내가 지휘한 군사들이 어제 왜적을 많이 죽이고 부상을 입혔으니 불리하지는 않소. 다만 이곳이 비로 인해 땅이 진흙탕이 되었기 때문에 주둔하기가 불편하여 동파로 가서 군사들을 휴식케 한 뒤 다시 진격하려는 것이오."

나를 비롯한 여럿이 다시 후퇴를 강력히 반대했다. 그러자 이 제독은 이미 명나라 조정에 상주(上奏)한 글의 초고를 내보였다. 그 글 가운데 '한양에 주둔해 있는 왜적이 20여 만 명이나 되어 군사가 적은 우리로서는 대적할 수가 없고……' 하는 구절과 '신(臣)의 병이 대단히 위중하여 더는 임무를 수행키 어렵사오니 부디 다른 장수가 신의 임무를 대행케 하여 주옵소서' 하는 글귀까지 적혀 있었다.

놀란 나머지 나는 초고에 적힌 글귀를 손가락으로 짚으며 말했다.

"왜적의 수가 얼마 되지 않는 것이 확실한데 어찌 20만 명이라고 하시는 것입니까?"

이 제독이 답했다.

"내가 어찌 그걸 알겠소? 모두가 조선 백성의 입에서 나온 말이오!"

어처구니없게도 이렇게 둘러댔다.

여러 명나라 장수들 중에서도 제일 강력하게 후퇴를 주장한 자는 장세작이었다. 그는 우리가 물러서지 않고 계속 후퇴를 반대하자 순변사 이빈에게 발길질까지 했고 그 꾸짖는 목소리가 여간 크고 거칠지 않았다.

그 무렵에는 매일같이 큰 비가 내렸었다. 뿐만 아니라 비가 내리기 전에 왜적들이 모든 산에다 불을 질렀기 때문에 풀 한 포기 남아 있지 않았다. 게다가 말들이 병들어 며칠 동안에 죽은 말들이 총 1만여 필이나 되었다.

세 진영의 군사들이 임진강을 도로 건너와 동파역 앞에다 진을 쳤다. 그런데 이튿날 다시 개성으로 돌아가려 하므로 내가 간청했다.

"부대들이 후방으로 이동하면 왜적들의 기세는 더욱 등등하게 됩니다. 뿐만 아니라 주변의 여러 백성들이 동요하고 지레 겁을 먹게 되는 것입니다. 임진강의 북쪽 여러 고을도 지키기 힘들 것입니다. 그러니 부디 이 동파에 더 주둔하고 있다가 왜적 형세를 살펴본 연후에 움직이도록 해 주십시오."

이 제독은 건성으로 내 말에 동조하는 체했다. 그러고는 내가 물러나 나오자 이 제독은 이내 개성부로 돌아갔고 여러 부대들도 개성으로 후퇴했다. 다만 부총병 사대수와 유격장군 관승선(冊承宣)이 이끄는 군사 수백 명만이 남아 임진강을 지켰다. 나 또한 동파에 남아 매일 이 제독에게 글을 보내 진격할 것을 요청했다. 그러나 이 제독은 또 성의 없는 답장만을 보냈다. '날이 들어 길이 마르게 되면 당연히 진격할 생각이오' 하는 내용이었다. 그러나 그것은 말뿐이고 실은 진격할 의사가 없었던 것이다.

그렇듯 여러 부대가 개성부로 후퇴한 지 오래되자 군량이 부족한 상태가 되고 말았다. 강화도에서 뱃길을 이용해 좁쌀과 말 먹일 풀을 구해 오는 것이 고작이었다. 좀 더 시일이 걸리기는 했지만 충청도와 전라도에서 거둬들였던 세곡을 배편으로 운반해 왔다. 그러나 소량씩 도착했으므로 오는 족족 금방 소비되어 식량 보급 상황은 참으로 시급한 문제가 아닐 수 없었다.

하루는 명나라 여러 장수들이 군량이 부족한 것을 이유 삼아 회군할 것을 주장했다. 화가 난 제독은 나를 비롯해 호조판서 이성중(李誠中)·경기 좌감사 이정형(李廷馨) 등을 불러 뜰 아래에 꿇어앉게 하고 문책하며 군율로 다스리려 했다. 나는 속으로는 사죄할 생각이 들었으나 나라의 형편이 이러한 처지에 이르른 것에 생각이 미치자 저절로 눈물이 났다. 그러자 제독은 민망했던지 자기 아래 장수들을 향해 소리쳤다.

"자네들이 전에 나와 함께 서하(西夏 : 중국 서쪽 몽고의 반란이 일어났던 지역 – 역주)를 평정할 때 군사들이 며칠 동안이나 굶주렸음에도 회군하자는 말 없이 끝까지 견디며 난리를 평정하는 공을 세우지 않았었는가! 그런데 지금 조선에 와서 단지 며칠 군량 보급이 제대로 되지 않는다고 회군하자니 말이 되는가? 가고 싶은 자는 가거라! 나는 왜적을 물리치지 않고서 돌아갈 수는 없다. 패전하여 죽게 된다면 말가죽에 싸인 시체로 돌아갈 각오다!"

그의 일갈에 모든 장수들이 머리를 조아리며 사죄했다.

제독과 헤어져 나온 나는 군량 보급을 제때에 하지 못한 죄를 물어 개성 경력(經歷) 심예겸(沈禮謙)을 곤장으로 다스렸다. 이런 판국에 강화를 출발한 군량 운반선 수십 척이 서강(西江) 뒤쪽에 도착했다. 그래서 군량 보급의 걱정을 덜게 되었다.

그날 저녁이었다. 이 제독은 총병 장세작을 시켜 나를 초청해 위로하는 등 군사(軍事)에 관한 여러 문제를 함께 의논했다.

이 제독은 평양으로 돌아갔다.

그때 왜장 가토 기요마사는 함경도에 머물러 있었다. 어떤 사람이 내게 다음과 같이 말했다.

"가토 기요마사는 함흥에서 나와 양덕과 맹산을 거쳐 평양성을 공격하려고 합니다."

실은 이 제독이 전부터 평양으로 갈 생각을 하고 있었으나 적당한 기회를 얻지 못했었는데 왜장 가토 기요마사의 움직임에 대한 정보를 듣게 되자 드러내 놓고 다음처럼 큰소리를 칠 수 있었던 것이다.

"평양은 이번 전쟁의 근본이 되는 곳이라 평양을 지키지 못하면 우리 명나라 대군이 돌아갈 길도 없어지는 것이다. 그러므로 평양을 반드시 지켜야 한다."

그러면서 지원군을 돌이켜 평양으로 갔던 것이다. 그는 평양으로 떠나면서 왕필적에게 개성을 굳게 지키도록 지시했다. 그러고는 접반사인 이덕형에게는 이렇게 일렀다.

"조선의 군사는 우리 구원병도 없으니 단독으로 남게 된 외로운 처지가 되었소. 그러니 임진강 북쪽으로 이동하도록 하시오."

그 당시 전라도 순찰사 권율은 고양군 행주(幸州)에, 순변사 이빈은 파주에, 고언백과 이시언 등은 해유령(蟹踰嶺)에, 원수 김명원은 임진강 남쪽에 그리고 나는 동파에 있었다. 그럼에도 이 제독은 왜적이 기회를 노리다가 쳐들어올 것이 두려워 그렇게 말했던 것이다.

나는 종사관 신경진을 급히 제독에게 보내어 군사를 퇴각시켜서는 안 되는 다섯 가지 이유를 다음과 같이 밝히게 했다.

"첫째는 우리나라 선왕의 분묘들이 모두 경기도에 위치하는데 그 지역이 지금 왜적의 수중에 들어가 있습니다. 그래서 그 선왕의 신위와 백성들이 경기도 지역이 회복되기를 간절히 바라고 있습니다. 둘째는 경기 남쪽 지방의 백성들이 지금 황제의 군대(명나라 지원군—역주)가 오기만 기다리고 있습니다. 그런데 갑자기 되돌아갔다는 소식을 접하게 된다면 백성들은 자기 고장을 지킬 생각을 버리고 왜적의 편이 될 수가 있습니다. 그리고 셋째로는 우리 조선의 금수강산은 한 치의 땅도 버릴 곳이 없다는 점입니다. 또 넷째로는 우리 군사들이 비록 힘은 약하나 이제부터는 명나라 지원군과 합세하여 진격할 계획을 세우고 있는데 그런 판에 명나라 지원군이 회군한다는 말을 듣게 된다면 비탄과 분개심에 뿔뿔이 흩어지게 될 것입니다. 그리고 마지막 다섯째는 명나라 대부대가 회군한 뒤 왜적이 그 후방을 공격해 온다면 임진강 북쪽 지역마저도 지킬 수 없게 된다는 것입니다. 이 다섯 가지 이유로 우리는 절대로 회군을 하지 말아야 된다는 말씀을 간곡하게 드리는 것입니다."

이 제독은 묵묵히 있다가 결국은 떠나고 말았다.

왜적을 행주에서 패퇴시킨 권율은 군사를 파주로 이동케 했다. 그 전에 권율은 광주 목사를 지냈다. 그리고 이광을 대신하여 순찰사로 피임되어 군사를 거느려 국사에 힘쓰게 된 것이다. 그는 들판에서 벌어진 전투에서 왜적에게 패한 이광 등을 징계하고 수원으로 가 독산성(禿山城)에다 진을 치고 있었다. 왜적들은 그것을 알고 감히 공격할 생각도 하지 못했었다. 그 무렵 명나라 지원군이 곧 한양으로 진격해 올 것이라는 소식을 접하자 한강을 건너 행주산성에다 진을 치게 된 것이다.

한양에 있던 왜적들은 대군을 이끌고 공격하기 시작했다. 그러자 백성들은 두려움에 어쩔 줄을 모르고 도망치려 했으나 성 뒤쪽이 바로 강인지라 도망갈 길이 막혀 할 수 없이 다시 성으로 돌아와 우리 군사를 도와 힘껏 싸웠다.

왜적들은 우리 군사의 화살이 소낙비처럼 쏟아졌으므로 세 갈래로 진을 나누어 번차례로 진격을 시도했으나 모두 패퇴하고 말았다. 때를 맞추어 어둠이 깔리기 시작하자 왜적은 한양으로 돌아가고 말았다. 권율은 군사들을 동원하여 왜적의 시체를 가져오게 했다. 그러고는 그 시체의 사지를 찢어 나뭇가지에 걸어 두는 것으로 맺힌 한과 분을 풀었다.

권율은 한양으로 돌아간 왜적들이 다시 나와서 복수전을 꾀하고 있다는 첩보를 듣게 되었다. 이에 그는 진을 거두고 방책(防柵)을 모두 헐어 버린 뒤 임진강으로 가 도원수 김명원과 합세했다.

나는 그런 소식을 듣고 혼자서 말을 달려 파주산성으로 가 지세를 살펴보았다. 그곳은 큰 길의 요충인 데다 지세 또한 험준하여 왜적을 지키기에 딱 알맞다고 생각되었다. 나는 즉시 권율에게 연락하여 순변사 이빈과 합세, 서쪽으로 내려오는 왜적을 막게 했다.

또 방어사 고언백과 이시언, 조방장 정희현(鄭希玄)과 박명현(朴名賢) 등에게는 유격병으로 해유령을 지키게끔 했다. 그리고 의병장인 박유인(朴惟仁)·윤선정(尹先正)·이산휘(李山輝) 등에게 명했다. 우측 도로를 따라가서 창릉(昌陵)과 경릉(敬陵) 사이에 군사들을 매복시킨 뒤에 이따금 출몰을 반복, 적은 왜적이 나타나면 공격하고 많은 왜적이 나타나면 피하게 했다. 그러자 그 효과가 있어 왜적들은 성 밖으로 나와 땔나무를 구할 수도 없고 말 먹일 풀도 벨 수가 없게 되었다. 말이 수없이 쓰러져 죽게 된 것은 당연한 일

164

이었다.

한편, 창의사 김천일(金千鎰)·경기 부사 이빈·충청 수사 정걸(丁傑)에게는 선편으로 용산에 있는 서강으로 가 왜적을 혼란시켜 그 세력을 분산시키도록 명했다. 또 양성(陽城)에 가 있던 충청도 순찰사 허욱(許頊)에게는 본래 있던 충청도로 돌아가 그곳을 지킴으로써 남쪽으로 공격해 오는 왜적을 대비하도록 했다.

나는 또한 경기·충청·경상 각 도의 관군과 의병에게 공문을 띄웠다. 각기 자기가 맡은 곳에서 적군이 갈 만한 모든 길을 봉쇄하도록 하라는 공문이었다. 그리고 양근(楊根) 군수 이여양(李汝讓)에게는 용진(龍津)을 철저하게 방비토록 지시했다. 그러고 나서 얼마 후 여러 장수들이 벤 왜적의 머리를 모두 다 개성부 남문 밖에 매달아 놓도록 했다. 그랬더니 이 제독의 참군(參軍) 여응종(呂應鍾)이 기뻐하며 말했다.

"이제는 조선 군사들도 왜적의 머리를 공처럼 자릅니다그려."

17. 나와 이여송과의 대립

하루는 수많은 왜적 떼가 동문에서 쏟아져 나와 산을 수색하더니 양주(楊州)·적성(積城)을 지나 대탄(大灘)까지 갔다. 그러나 왜적들은 무엇인가 자기네의 목적을 이루지 못한 듯했다.

왜적의 습격을 두려워하며 사대수가 내게 말했다.

"정탐하고 온 자의 말에 의하면 왜적들은 나(사대수 총병 자신 – 역주)와 유 체찰(유성룡 – 역주)을 사로잡으려고 그랬답니다. 그러니 잠시 개성으로 가 피하는 게 좋을 듯합니다."

내가 대답했다.

"정탐자의 말을 곧이곧대로 믿을 수는 없지요. 그 말이 이치에 닿지 않는 점은, 지금 왜적은 우리의 대군이 가까운 곳에 있지나 않은지 그 점을 걱정하고 있는 형편이오. 그런 왜적이 어떻게 강을 건너올 생각을 먹겠소? 만약 우리가 움직인다면 반드시 백성들의 동요가 심할 것이오. 그러니 기다리며 두고 봅시다."

총병 사대수가 웃으며 말했다.

"유 체찰의 말이 맞습니다. 왜적들이 들이닥친다 하더라도 나와 유 체찰은 생사를 같이해야 할 처집니다. 그런데 나 혼자 어딜 간단 말입니까."

이렇게 말하고 난 사 총병은 자기 수하의 용사 수십 명을 뽑아 보내 나를 호위하도록 했다. 그 용사들은 아무리 비가 많이 쏟아져도 밤새도록 내 주변을 떠나지 않고 지켰다. 그러다가 왜적들이 성 안으로 들어간 후에야 호위 임무에서 풀려 돌아갔다.

그 며칠 뒤, 왜적은 권율이 파주에 있다는 것을 정탐으로 알아내고 원수를 갚겠다며 서쪽 길을 타고 광탄(廣灘)까지 진격했다. 광탄에서 파주산성까지는 불과 몇 리밖에 되지 않았다. 그럼에도 왜적은 더 이상 진격을 하지 않았다. 정오부터 한두 시간쯤 관망하다가는 돌아간 뒤 다시는 나오지 않았다. 그 까닭은 지형 정찰이 능숙했던지라 권율이 진을 치고 있는 곳의 지형이 매우 위험하다는 것을 간파했기 때문이었다.

나는 왕필적(王必迪)에게 다음과 같은 글을 보냈다.

'지금 왜적의 진영은 아주 험준한 곳이라 결코 공격이 쉽지 않소. 그러니 명나라 대군은 동파와 파주로 진군하여 왜적의 뒤를 밟으며 견제토록 하시오. 그러는 한편 명나라 남쪽 군대 중에서 1만 명을 선발해 강화에서 한강 남쪽으로 침투, 생각지도 못하고 있는 허를 찔러 왜적의 여러 진영을 습격한다면 한양의 왜적은 길이 끊겨 용진으로밖에는 달아날 길이 없게 되오. 그때를 이용해 후방의 군사들이 각 나루를 공격하면 단박에 왜적을 소탕할 수 있게 될 것이오.'

내 글에 왕필적은 손뼉을 치며 아주 기발한 전략이라고 감탄했다. 그리고 정찰병 36명을 충청도 의병장 이산겸에게 급파하여 왜적의 현황을 살피게 했다.

그 당시 왜적의 정예 부대는 다 한양에 있고 후방에 진을 치고 있는 왜적들은 오합지졸이나 다름없었다. 샅샅이 정찰한 군사가 돌아와 기쁨에 넘쳐 말했다.

"우리 군사는 1만은 고사하고 2~3천이면 능히 왜적 진영을 박살 낼 수가 있사옵니다."

그러나 북방의 장수인 이 제독은 남방의 군사들이 공을 세우게 되는 것을 꺼렸기 때문에 그 작전을 허락하지 않았다.

나는 군량 중에서 남게 된 곡식으로 굶주리고 있는 백성들을 구휼하도록 임금께 주청하여 허락을 받아 냈다. 사실상 그 당시는 왜적에 의해 한양이 점거된 지 2년이나 흘렀고 병화로 인해 국토는 폐허가 된 데다 농사조차도 지을 수가 없는 형편이었으므로 굶주려서 죽는 백성들이 부지기수였다.

내가 동파에 있다는 소문을 듣고 성안에서 간신히 연명하던 백성들은 서로 부축하기도 하고 살림을 이거나 지고 하여 거의 모두가 내게로 모여들었다.

총병 사대수는 파주의 마산역으로 가다가, 죽은 어미의 젖을 빨며 울어 대는 어린애를 발견하여 데려다 군사들에게 기르게 했다. 그가 내게 말했다.

"왜적이 물러가지도 않은 상태에서 백성들은 이렇게 비참한데 앞으로는 어찌 되겠습니까? 하늘도 근심이 깊고 땅도 슬퍼할 노릇입니다."

그의 이런 탄식을 들으며 나는 자신도 모르게 눈물을 흘렸다.

그 무렵 명나라 대군이 곧 도착한다고 해서 남쪽에서는 군량 운반선이 잇달아 와 강기슭에 줄지어 정박하고 있었다. 그러나 그 군량은 달리 이용할 수 없는 것이었다. 그때 마침 전라도에서 군사 모집을 담당하는 안민학(安敏學)이 거둔 겉곡식 1천 석이 선편으로 당도했다. 나는 얼마나 기뻤는지 모른다. 나는 즉각 장계를 올려 그 곡식으로 굶주린 백성을 살리자고 주청했다. 그러는 한편 전에 군수를 지냈던 남궁 제(南宮悌)를 굶주린 백성들을 구휼하는 책임자로 임명했다. 그리고 임무를 주었다. 솔잎을 빻아 그 가루와 쌀가루를 열 푼 대 한 홉의 비율로 섞어 물에 타서 먹이게 했다. 그러나 그 방법도 워낙 백성의 수가 많고 곡식은 턱없이 적어 사람 목숨을 구하는 데는 큰 효과를 보지 못했다. 그런 상황을 안 명나라 장수들은 자발적으로 자기네 부대 군량을 덜어 30석을 만들어 백성들에게 나누어 주었다. 그 또한 턱없이 부족한 양에 지나지 않았다.

밤중에 큰 비가 내리던 날이었다. 그 비에도 백성들이 내 숙소 가까이에 모여 신음했다. 괴로워 들을 수가 없어 뜬 눈으로 밤을 밝혔다. 이른 아침에 나가 보았더니 여기저기 죽은 사람들이 여간 많지 않았다.

경상우도 김성일 감사는 전에 전적(典籍)을 지냈던 이로를 내게로 보내 그 위급한 상황을 이렇게 알렸다.

"전라좌도의 곡식을 내어 굶주린 백성을 먹이게 하고 봄에 뿌릴 종자를 꾸어 달라고 했으나 전라 도사(都事) 최철견(崔鐵堅)이 곡식과 종자를 내 주려고 하지 않습니다."

나는 곧 체찰부사로 충청도에 가 있는 김찬(金瓚)에게 공문을 보냈다. 김찬이 직접 남원 등 몇몇 고을에 가서 창고 곡식을 모아 그 1만 석을 영남으로 운송하여 백성들을 구제하도록 하는 내용이었다.

그때는 한양에서 남쪽 변방에 이르기까지 왜적들이 꿰뚫지 않은 곳이 없는 형편이었다. 그러므로 4월임에도 백성들이 모두들 산골짜기에 깊숙이 숨어 있어서 보리를 심은 데는 어디 한 곳도 눈에 띄지 않았다. 이런 상태로 왜적이 몇 달 동안 물러나지 않았더라면 아마도 우리 백성은 씨가 말랐을 것이다.

다시 한양에 들어온 유격장군 심유경이 왜적을 달래며 물러나도록 권유했다.

4월 7일에는 이 제독이 대군을 거느리고 평양에서 개성부로 돌아왔다.

이보다 앞선 때 김천일의 진중에 있는 이신충(李藎忠)이 한양으로 들어가 적의 동태를 살피고 오겠다며 자청해서 갔다. 그는 두 왕자와 장계군 황정욱을 만나 보기까지 하고 돌아와 보고했다.

"왜적 측은 강화할 의사가 있습니다."

그런 지 얼마 뒤 왜적은 용산의 우리 수군으로 글을 보내 화친하기를 청했다. 김천일이 그 왜의 글을 내게로 보내 왔다. 그때의 내 생각은 이러했다. '벌써부터 이 제독은 싸우려는 뜻이 없었다. 그런 그가 강화를 빌미로 왜적을 물리치려고 한다면 다시 개성으로 돌아오지 않을 수 없을 테고 그렇게 된다면 일은 끝난다.'

나는 이런 생각 끝에 그 글을 사대수 총병에게 주었다. 그러자 그는 그 내용을 평양의 이 제독에게 알리기 위해 하인 이경을 급히 보냈다.

왜의 글을 본 제독은 심유경을 보냈다. 그런데 가기 직전에 김명원이 그에게 말했다.

"왜적은 평양성에서 속은 것을 매우 분하게 여겨 좋지 못한 생각을 하고 있을 것입니다. 그런데 어떻게 왜적의 진지로 들어갈 수가 있습니까?"

심유경이 말했다.

"왜적 자기네가 빨리 물러나지 않아서 패전했던 것이오. 그러니 나와는 아무런 관계가 없소."

심유경은 이렇게 말한 뒤 왜적의 진중으로 갔다. 그가 거기 들어가 한 말을 듣지는 못했으나 짐작으로는 왕자와 그를 수행하는 신하들을 돌려보내라 했을 것이다(왕자 일행은 왜장 가토 기요마사에 의해 인질이 되어 있었다—역주). 그러고는 왜적에게 부산으로 물러간 뒤에 강화를 하겠다고 주장했을 것이며 왜적 측에서 그러겠다고 약속을 했으므로 이 제독이 개성으로 돌아왔다고 여겨졌다.

나는 이 제독에게 글을 보내 이렇게 역설했다.

"화친은 상책이 아닙니다. 왜적을 치는 것이 진정한 상책입니다."

제독은 다음과 같은 답신을 보내 왔다.

"이미 나 또한 그런 생각을 하고 있었소."

답신의 내용과는 달리 실상은 그럴 뜻이 없는 듯싶었다. 제독은 유격장인 주홍모(周弘謨)를 왜적 진영으로 보냈다. 그때 나와 김명원 원수는 권율의 진중에 있었으므로 파주에서 주홍모를 만나게 되었다. 그런데 그는 우리에게, 군부대에다 황제의 명령을 전달하는 깃발인 기패(旗牌)에 참배하라고 말했다. 기패란 황제의 명령이 적힌 깃발임을 잘 아는 내가 말했다.

"보아하니 왜적 진영에 들어가는 기패로군요. 그런데 무엇 때문에 참배를 한단 말이오? 게다가 왜적을 죽이지 말라는 시랑 송응창의 패문도 있으니 절대 그럴 수 없소."

내 말에도 주홍모는 몇 번이나 참배를 강요했다. 나는 그의 요구에 응하지 않고 말을 달려 동파로 돌아왔다.

주홍모는 이 사실을 인편으로 고해바쳤다. 그러자 제독이 크게 노해 이렇게 말했다고 한다.

"기패는 황제의 명령이라 북쪽 오랑캐라 하더라도 보기만 하면 참배하는 법이다. 그런데 절을 하지 않다니! 나는 군율에 의해 이를 처단한 뒤 회군하겠다!"

접반사 이덕형이 급히 내게 그 사실을 알리며 말했다.

"내일 아침 일찍 제독에게로 가서 사과하지 않으면 안 될 것 같소이다."

이튿날 나는 김명원 원수와 함께 개성으로 가 영문(營門)에서 제독을 찾아왔다는 말을 전했다. 그러나 제독은 화가 풀리지 않아 만나 주지를 않았다.

김명원 원수가 그냥 돌아가자고 해 내가 말했다.

"이 제독이 나를 한번 떠보는 것 같으니 좀 더 기다려 봅시다."

그때 비가 내리기 시작했다. 그래도 우리는 다소곳이 선 채 기다렸다. 제독의 부하가 두어 번 문 밖으로 나와 우리의 동정을 살피고 나서 들어가곤 했다. 그런 지 얼마 뒤 들어오라는 연락이 왔다.

나는 들어가 당 위에 서 있는 제독에게 예의를 표한 뒤 사과를 했다.

"우리가 어리석기는 합니다만 그렇더라도 어찌 기패에 참배하는 것까지 모르겠습니까? 그런데 기패에 우리나라 사람은 왜적을 죽이지 말라는 글이 곁들어 있었기 때문에, 그 글이 원통한 마음을 부추겨 참배치 못한 것입니다. 어쨌든 죄를 면키 어렵게 되었습니다."

내 말에 제독은 부끄러운 빛을 띤 얼굴로 말했다.

"지금 공의 그 얘기는 지극히 옳소. 그러나 그 패문은 송 시랑의 명령이지 나와는 아무런 관계가 없소."

제독은 잠시 멈추었던 말을 계속했다.

"요즘 이 지방에는 근거 없는 소문이 많소. 그런 상황인데 만일 공들이 기패에 참배치 않았음에도 내가 그것을 묵인하고 문책조차 않았다는 얘기가 송 시랑의 귀에 들어간다면 송 시랑은 나까지도 아울러 책망하게 될 것이오. 그러니 그 사실을 변명하는 글을 써 오시도록 하오. 만약 송 시랑이 내게 그 일에 대해 물으면 내가 공의 글을 보이며 해명할 것이고 묻지 않는다면 그냥 그대로 묻어 두겠소."

우리 둘은 제독 앞에서 물러나 그의 말대로 글을 지어 보냈다.

그때부터 이 제독은 계속 왜적 진영에 자기 수하를 보냈다.

어느 날 나는 김명원 원수와 이 제독에게 들러 인사를 하고 동파로 향했다. 그때 천수정(天壽亭) 앞에서 동파를 떠나 개성으로 가던 사대수의 하인 이경을 만나게 되었다. 우리는 말 위에 앉은 채서로 인사를 나누고 지나쳤다. 그런데 우리가 초현리(招賢里)에 이르게 되었을 때 명나라 군사 셋이 뒤에서 급히 달려오며 큰 소리로 물었다.

"체찰사께서는 지금 어디 계시나요?"

"내가 체찰사다."

내 대답이 끝나기 바쁘게 말을 되돌리라고 소리쳤다. 다른 하나는 긴 채찍으로 내 말을 후려치기까지 하며 빨리 달리라고 외쳤다. 무슨 영문인지도 모르면서 나는 개성 쪽으로 말을 달렸다. 명나라 군사들은 계속 내 뒤에서 나의 말에 채찍질을 했다. 그 바람에 수행했던 자들은 모두 뒤처지게 되었고 군관 김제·종사관 심경진만이 가까스로 뒤따라왔다.

청교역(靑郊驛)을 지나 토성(土城)에 이르렀을 때였다. 성안에서한 군사가 말을 달려 우리 쪽으로 와 멎더니 먼저의 군사 셋과 뭐라 수근거렸다. 그러고 나더니 셋은 내게 읍하면서 말했다.

"이제는 돌아가셔도 됩니다."

참으로 어처구니가 없었지만 돌아올 수밖에 없었다.

그런 일이 일어난 까닭을 나는 이튿날 이덕형의 통지를 받고서야 알게 되었다.

이 제독의 심복이 밖에 나갔다 돌아와 '유성룡 체찰사는 강화하는 걸 원치 않아 임진강 배를 모두 거둬 갔기 때문에 우리의 사자(使者)가 왜적 진영에 드나들 수가 없게 되었습니다' 했다는 것이다. 그 말을 들은 이 제독은 버럭 화를 내며 나를 잡아다가 곤장으로 다스리려 했던 것이다. 내가 도착하기 전까지 이 제독은 부릅뜬 눈으로 팔을 휘둘렀기 때문에 주변 사람들이 모두 무서워 쩔쩔맸다. 그러고 있던 참에 이경이 돌아왔다. 이 제독이 그에게 임진강에 배가 있더냐고 물었고 이경은 배가 있어 왕래하는 데 아무런 지장이 없었다고 대답했다. 그 대답이 끝나기 바쁘게 이 제독은 부하에게 나를 잡으러 간 군사들을 멈추게 했다. 그리고 심복이 거짓말을 했다 하여 곤장 수백 대를 쳤고, 그가 실신한 뒤에야 비로소 끌어냈다는 것이었다.

나에게 화냈던 것을 민망하게 여긴 이 제독은 '만약 체찰사가 오면 내 어찌 그를 대할 수 있겠는가' 하고 주위 사람들에게 걱정스레 말했다고 했다. 강화에 반대한 내게 늘 불만을 품고 있었던 이 제독은 다른 사람의 말을 듣고는 확인해 보지도 않고 성급하게 행동했던 것이다. 내 주변 사람들은 그런 이 제독과 나의 사이 때문에 또 위태로운 일이 벌어질까 걱정이 많았다.

며칠 뒤 이 제독이 보낸 척금(戚金)·전세정(錢世禎)이 동파로 와서 나와 김명원 원수·관찰사 이정형을 불러 만나게 됐다.

그들이 우리에게 조용히 말했다.

"왜적은 왕자와 그 수행 신하들을 풀어 보내고 한양에서 물러가기를 원하고 있습니다. 그러니 지금 그 청을 들어 주는 체하여 왜적을 성 밖으로 나오도록 한 뒤 계책을 세워 뒤쫓아 섬멸하는 게 좋겠습니다."

그들이 한 말은 그들의 의견이 아니라 이 제독이 그들로 하여금 내 뜻이 어떤지를 탐지하려는 것임이 분명했다. 그러나 나는 전부터 주장했던 생각을 굽히지 않았다. 전세정은 성격이 급한지 화를 내며 큰 소리로 힐문했다.

"그렇다면 당신네 국왕은 무슨 까닭으로 도성을 버리고 도망을 쳤소?"

내가 침착한 어조로 대답했다.

"나라의 수도를 옮겼다가 시간을 두고 회복하는 것도 또한 하나의 방법인 것이오."

이런 설왕설래에 척금은 나와 전세정을 번차례로 바라보며 말없이 웃기만 했다. 결국 전세정 등은 돌아가고 말았다.

4월 19일, 대군을 거느리고 동파에 온 이 제독은 총병 사대수의 막사에서 유숙하고 있었다. 왜적이 군사를 물리겠다고 이미 약속을 했던 터라 그렇게 되면 한양으로 들어갈 작정인 모양이었다.

나는 이 제독에게 가 인사를 하려 했으나 그는 나를 만나려 하지 않았다. 다만 통역을 통하여 "유성룡 체찰사는 나를 불만스럽게 여길 텐데, 그런 마음으로 내게 안부를 묻겠다는 것이오?"라는 말만 전했을 따름이었다.

18. 아, 되찾은 한양

4월 20일, 한양이 수복되었다. 명나라 부대가 한양에 입성했으며 이 제독의 숙소는 소공주댁(小公主宅 : 태종 때 경정공주慶貞公主의 저택으로 지금의 소공동 조선호텔 자리 – 역주)으로 정했다. 그렇게 되기 하루 전에 왜적이 성을 버리고 물러갔던 것이다.

명나라 군사를 따라 성안으로 들어갔다. 성안에 남아 있는 백성들은 백 명 중 한 사람 꼴로 살아남은 형편이었다. 그런데 그 백성들마저도 형편없었다. 굶주림과 질병으로 마치 귀신 같은 얼굴들이었다.

그때는 대단히 더운 날씨였다. 사람의 시체와 죽은 말이 썩는 냄새가 성안에 진동하고 있었다. 모두들 코를 틀어막고 지나다닐 정도였다. 관청의 청사와 백성들의 집들도 모두 없어져 횅뎅그렁한 빈 터의 연속이었다. 다만 숭례문에서 남산 밑, 왜적들이 기거했던 곳에서만 전의 모습을 찾아볼 수 있었다.

종묘와 세 대궐(경복궁 · 창덕궁 · 창경궁 – 역주), 종루, 각 관청 건물, 성균관을 비롯한 배움의 집 등 한길 북쪽에 있던 건물들은 모두 잿더미로 변해 있었다. 그런데 소공주댁은 왜장이 머물었던 곳이라 그대로 남아 있게 된 것이다.

나는 제일 먼저 종묘에 들러 통곡했다. 그리고 난 뒤 이 제독의 숙소로 찾아갔다. 거기서 이 제독에게 문안드리러 온 여러 신하들을 만나게 되어 그들과 함께 한참 동안 통곡을 했다.

이튿날 아침, 나는 이 제독을 찾아가 문안 끝에 말했다.

"왜적이 물러간 지 얼마 되지 않으니 그다지 멀리 가지 못한 것이 분명합니다. 그러니 모쪼록 출병하여 급히 추격하게 해 주십시오."

제독도 내 말에 동의했다.

"내 생각도 공의 생각과 다르지 않소. 그러나 한강에 배가 없어 추격을 서둘지 못하는 것이오."

내가 다시 말했다.

"제독께서 왜적을 추격하신다면 내가 지금이라도 강으로 나가 배를 마련하고 정비하도록 하겠습니다."

"거, 참 좋소."

제독과 헤어져 급히 한강으로 나갔다. 나는 한강으로 나가기 훨씬 전부터 경기 우감사 성영(成泳)과 수사 이빈에게 공문을 보낸 바 있었다. 왜적이 물러나는 즉시 모든 강에 있는 배들을 크거나 작거나 간에 모두 한강으로 모으도록 하라는 공문이었다.

한강에 나가 보니 총 80척이 모여 있었다.

나는 인편으로 이 제독에게 이미 배를 준비해 놓고 있음을 알렸다. 그러자 얼마 뒤 영장 이여백이 1만 군사를 이끌고 한강으로 나왔다.

그 군사들이 강을 반쯤 건넜을 때 날이 저물어 버렸다. 그때 갑자기 이여백이 몸이 아프다며 이렇게 말하는 것이 아닌가.

178

"내가 성안에 들어가 병을 고친 뒤에 진격하겠소."

그는 끝내 가마에 올라 돌아가고 말았다. 상황이 이렇게 되자 이미 한강을 건넜던 군사들까지 되건너와 성안으로 가 버리고 말았다.

나는 원통했으나 어쩔 도리가 없었다. 제독부터가 왜적을 추격할 뜻이 애초부터 없었던 것이다. 그래서 나를 속일 양으로 그런 거짓된 승낙을 했던 것이다.

4월 23일, 나는 결국 병으로 자리에 누워야 하는 신세가 되었다.

5월, 이 제독이 왜적을 추격하러 문경까지 갔다가 되돌아왔다. 시랑 송응창이 제독에게 왜적을 추격하라는 패문(牌文)을 보냈던 것이다. 그러나 그때는 왜적이 물러난 지 이미 수십 일이나 지난 뒤였다. 사실 송응창도 남들이 자기에게 왜적을 추격하지 않았다고 비난을 퍼부을까 두려워 그와 같이 그냥 뒷북을 친 것에 지나지 않았다.

왜적 부대는 아주 천천히 후퇴했다. 후퇴하다가 한곳에 오래 머무는가 하면 일부러 늑장을 부려 가며 후퇴하기도 했다. 그럼에도 왜적의 후퇴 길목에 있던 우리 군사들은 오히려 숨기에만 바빴을 뿐 맞서 싸우려 들지 않았다.

물러간 왜적들은 바닷가에다 진을 쳤다. 그러한 왜적의 진은 울산 서생포를 비롯하여 동래·김해·웅천·거제에 이르기까지 서로 연락이 잘 되게끔 16진이나 촘촘하게 쳐져 있었다. 그 왜적들은 산이나 바다를 등지고 있는 지형을 택하여 성을 쌓기도 하고 참호를 파 놓기도 했다. 바다를 건너 완전히 물러갈 생각이 아니라 장기전을 계획한 작전이었던 것이다.

이에 명나라 조정에서는 사천 총병인 유정(劉綎)에게 복건을 비롯한 서촉과 남만 등지에서 모집한 5천 군사를 거느리고 출병하게 했다. 그 군사들은 성주·칠곡의 팔거 등지에 주둔했다. 이영·조승훈·갈봉하 등은 그 군사들을 거창에 주둔시켰다. 그리고 남방의 장수인 오유충에게는 선산·봉계에, 낙상지·왕필적에게는 군사를 경주에 주둔시키도록 했다. 이렇게 되니 왜적을 사방에서 에워싼 형국이긴 했으나 그렇게 벌여 놓기만 했을 뿐 전혀 진격하려하지 않았다.

이렇듯 많은 군사들의 군량은 충청도와 전라도에서 공급하도록 했다. 멀고도 험준한 길로 운반해 와서 여러 진영에 배급하게 되니 백성들의 노역이 몹시 심했다.

이 제독은 다시 심유경을 왜적 진영으로 보내 바다를 건너 완전히 철수하도록 종용했다. 또 서일관·사용재에게는 왜국의 나고야에 들어가 관백인 도요토미 히데요시를 만나도록 했다.

6월이 되자 그제야 왜적은 두 왕자인 임해군과 순화군 그리고 그수행 신하인 황정욱·황혁 등을 돌려보냈다. 그리고 그 사실을 심유경에게 보고케 했다. 그러는가 하면 한편으로 진주성을 포위하고는 작년에 패전한 원수를 갚으려고 한다는 소문을 퍼뜨렸다. 물론 임진년에 왜적이 진주성을 포위했을 때 목사 김시민(金時敏)이 적절한 전술과 용맹성으로 철저하게 방어하여 왜적이 대패하여 쫓겨났기 때문에 그 원수를 갚겠다는 것이었다.

포위된 지 8일 만에 진주성은 함락되고 말았다. 이때 목사 서예원을 비롯해 판관 성수경(成守璟)·창의사 김천일·경상도 병사 최경회·충청병사 황진·의병장 복수장과 고종후 등이 전사하고야 말았다. 죽은 군사와 백성들은 모두 합쳐 6만여 명이나 되었다. 소·말·돼지·닭·개까지도 모두 도륙했다. 성벽을 무너뜨렸고 참호는 물론 우물까지도 메워 버렸다. 심지어는 나무들까지 모두 베어 버리는 등 임진년의 복수는 극에 달했다.

맨 처음 조정에서는 왜적이 남쪽으로 후퇴한다는 소식을 접하자 연신 교지를 내려 전 장수들에게 추격할 것을 독려했었다. 그러자 도원수 김명원을 비롯해 순찰사 권율 그리고 관군·의병들이 모두 의령에서 모이게 되었다. 이때 권율은 행주대첩의 큰 승리로 자신감에 차 있었던 터라 당장 기강(岐江 : 남강과 낙동강이 만나는 어름－역주)을 건너 전진하자고 주장했다. 그러나 곽재우와 고언백은 다른 뜻을 밝혔다.

"사실 우리 군사는 오합지졸이오. 그런 반면 왜적들은 지금 사기가 충천하니 우리가 불리하오. 게다가 군량도 많이 부족하오. 경솔하게 전진했다가 낭패를 볼까 두렵소."

다른 장수들은 어찌하면 좋을지 판단이 서질 않아 입을 다물고 있었다. 그러자 이빈의 종사관인 성호선(成好善)은 좀 어리석은 데가 있는지라 전세의 판단도 제대로 하지 못한 채 흥분하여 장수들이 머뭇거리기만 한다며 야단을 쳤다. 그는 권율과 의기투합하여 기강을 건너서 함안에 도착했다. 그런데 성안은 텅 비어 있고 먹을 것조차 찾아볼 수가 없었다. 먹을거리가 없는 군사들은 땡감을 따서 먹을 지경이었고 싸움에 임하려는 마음도 없어지게 된 것이다.

이튿날, 왜적이 김해에서 대규모로 공세를 펴며 올라온다는 첩보가 있었다. 그러자 함안성을 지켜야만 한다는 편과 일단 물러나 정암(鼎巖) 나루를 지키는 게 더 낫다는 편으로 갈리게 되었다. 그런 채로 아무런 결정을 못하고 아까운 시간만 허비하고 있을 때 왜적의 화포 소리가 들려오기 시작했다. 이에 당황한 군사들은 서로 앞 다투어 성 밖으로 달려 나가다가 조교(弔橋 : 성에서 밖의 언덕까지 줄을 매고 그 위에다 판자를 얹은 다리-역주)에서 떨어져 죽은 수가 여간 많지 않았다.

되건너온 정암 나루에서 보니 왜적은 수로와 육로 두 갈래로 공격해 오고 있었다. 들판이 꽉 차고 냇물이 꽉 찬 느낌이었다. 장수들은 모두 달아나 버렸다. 권율·김명원·이빈·최원 등은 벌써 전라도 쪽으로 가 버렸고 김천일·최경회·황진 등은 진주로 들어갔다. 그런 그들 뒤를 왜적이 추격해 포위하고 말았다. 진주 목사 서예원과 판관 성수경이 명나라 장수들을 지원하느라고 오랫동안 상주에 있다가 진주성으로 왜적이 몰려들고 있다는 소식을 접하고는 부랴부랴 돌아온 지 이틀 만에 일어난 일이었다.

진주성은 원래 사방이 험준한 지형인 곳에다 쌓은 성이었는데 임진년에 동쪽 평지로 옮겼던 것이다. 이런 평지의 성인지라 왜적은 쉽사리 비루(飛樓 : 성벽에 기대어 쌓은 공격용 사다리 – 역주) 여덟 개를 세워 그 위에 올라 성안을 정찰했다. 그 비루들은 성 밖의 대숲에서 많은 대나무들을 베어 크게 묶어 가려 놓았으므로 화살과 돌을 막았으며 왜적들은 그 틈새로 조총의 부리를 내밀고 마구 쏘아 댔다. 성안에서는 조총 때문에 고개조차 들 수 없는 지경이었다.

김천일이 거느린 군사들은 모두가 한양 백성들 중에서 모집한 자들이었다. 게다가 김천일 자신도 전쟁에 대해 아는 게 없으면서도 자기 고집대로 하는 인물이었다. 또 그는 평소부터 서예원과 사이가 좋지 않아 서로 의견이 어긋나기 일쑤여서 명령이 통일될 수도 없었다. 이런 여러 가지 이유로 대패한 것이었다.

오직 황진만 동쪽 성에서 그래도 오래 버티었다. 그러나 그도 며칠 만에 조총에 맞아 전사하고 말았다. 그러니 군사들의 사기가 완전히 떨어질 수밖에 없었다. 그래도 지원군은 없었다.

이런 판국에 거센 비까지 내려 성이 무너졌고 왜적은 그 틈을 이용해 맹렬히 성을 공격했다. 성안에서는 가시나무를 묶어 막고 돌을 던지고 굴려 왜적을 힘껏 막았다. 그런 보람이 있어 왜적이 물러나기 직전, 북문을 지키던 김천일의 군사는 성이 함락되었다고 지레 짐작하고는 싸움을 포기하고 뿔뿔이 흩어졌다. 이런 성안의 상황을 지켜보던 왜적의 총공격으로 우리 군사들은 일시에 무너지고 말았다.

이때 촉석루에 가 있던 김천일과 최경회는 서로 손을 잡고 통곡하던 끝에 남강에 투신하여 죽고 말았다. 성을 빠져나온 군사와 백성 모두를 합쳐도 불과 몇 명에 지나지 않았다. 왜적의 침입이 있은 이후 이때처럼 많은 사람들이 죽은 일도 없었다.

조정에서는 김천일의 투신이 의로운 죽음이라 하여 의정부 우찬성이라는 높은 관직을 추증했다. 그리고 권율은 왜적을 두려워함이 없는 용맹성을 높이 사 김명원의 뒤를 이어 도원수로 임명했다.

진주성이 함락되었다는 소식을 들은 총병 유정은 칠곡군 팔리에 있다가 합천으로 달려왔다. 그리고 오유충은 봉계에 있다가 초계로 가서 우도(右道)를 지켰다.

진주성을 함락시킨 왜적은 부산으로 돌아가 '명나라와의 강화를 기다렸다가 바다를 건너갈 것'이라는 소문을 퍼뜨렸다.

19. 남쪽 끝에서 말썽 부리는 왜적

1593년 10월, 드디어 임금의 행차가 한양으로 돌아왔다. 그리고 12월에는 명나라 행인사(行人司 : 외교 업무를 담당한 명나라 관서 – 역주) 관리 사헌(司憲)이 우리나라에 왔다. 이보다 훨씬 앞서 심유경은 왜장 고니시 유키나가를 대동하여 관백 도요토미 히데요시가 항복하는 표문(表文 : 임금에게 올리는 글)을 가지고 자기 나라에 갔었다. 그러나 명나라 조정에서는 그 표문이 관백에 의한 것이 아니라 고니시 유키나가 등이 위작한 것이라고 의심했다. 그런 데다가 심유경이 돌아왔을 바로 그때 진주성이 함락당했기 때문에 강화하겠다는 것도 진실이 아니라고 생각했다. 그러므로 왜장 고니시 유키나가를 요동에 머물러 있게 하고는 오랫동안 회답을 보내지 않았다.

그때는 이여송 제독을 비롯한 여러 장수들이 귀국했었다. 단지 유정·오유충·왕필적 등만이 1만여 군사를 데리고 칠곡군의 팔거에 주둔하고 있었을 따름이다.

여러 지방은 물론 한양의 백성들도 모두 굶주림에 지쳐 있었다. 그런 백성을 동원하여 군량을 운반케 했으므로 길가나 골짜기에 늙은이와 어린이들이 쓰러져 있기 일쑤였다. 건장한 사내들은 도적이 된 데다 전염병까지 퍼져 산 사람이 별로 없었다. 어떤 곳에서는 아버지와 아들, 남편과 아내 사이에 서로 잡아먹기도 했다. 어디에고 해골만이 잡초처럼 무성했다.

얼마 뒤, 칠곡군의 팔거에 주둔해 있던 유정의 부대가 남원으로 이동했다. 그리고 그 부대는 다시 한양으로 옮겼다. 한양에서는 10여 일 머물다가 귀국했다. 왜적은 아직까지 우리나라 바닷가에 머물러 있는 채여서 모든 이들은 심히 걱정스러워했다.

이 무렵 명나라 경략인 송응창이 탄핵을 받아 귀국했고 그의 후임으로 고양겸(顧養謙)이 요동에 도착했다. 그는 참장(參將) 호택(胡澤)을 우리나라에 보내 공문을 전달했다. 대충 이런 내용이었다.

'왜적 무리가 아무 까닭도 없이 그대들 나라에 침략하여 파죽지세로 한양과 개성, 평양 등 세 도회지를 점령했소. 그리고 그대들의 토지와 백성 8~9할을 빼앗은 데다 그대들의 왕자와 수행 신하들을 사로잡았소. 우리 황제께서 그런 일들에 크게 분노하시어 군대를 보내 한 번의 싸움으로 평양을 다시 빼앗고 두 번 싸움에 개성을 수복하자 왜적은 마침내 한양에서 달아났음은 물론 사로잡았던 두 왕자와 수행 신하들을 돌려보냈소. 국토 2천여 리를 수복하느라고 쓰게 된 군비가 엄청나며 군사와 말 죽은 것 또한 적지 않소. 우리 명나라 조정이 속국인 조선을 대접한 은의(恩義)가 이와 같고 황제의 망극한 은혜 또한 과분한 것이오.

이제는 군량도 더 운반할 수 없으며 군사도 더 전투에 임할 수 없게 되었소. 왜적 또한 우리의 위세에 눌려 항복하기를 청했으며 제후 봉하는 일과 조공 바칠 것을 원하고 있소. 우리 명나라 조정에서는 그것을 허락하여 신하의 나라가 되기를 허락했소. 그것은 조선 땅에서 왜적을 모두 바다 건너 제 나라로 쫓아내어 다시는 조선을 침략지 못하게 하는 방침이기도 하오. 이러한 전쟁의 종식은 조선을 위한 장구한 계획이오.

지금 그대들 조선에는 양식이 다 떨어져 백성들이 서로 잡아먹는 그런 형편인데 무엇을 믿고서 우리에게 구원병을 청한단 말이오? 벌써부터 조선에서는 군량도 주지 않았는데 그러면서도 왜적에게 봉공도 거절케 한다면 왜적은 조선에 분노하게 되고 조선은 반드시 멸망할 것이오. 어찌 일찍 이에 대한 계책을 세우지 않는

186

것이오?

옛날 월나라 왕 구천(句踐)이 회계산에서 굴욕을 당할 때 어찌 오나라 왕 부차(夫差)의 살을 뜯어 먹고 싶지 않았을까만 그 굴욕을 참고 견디었던 것은 훗날을 도모했기 때문이오. 그래서 어디까지 참았느냐 하면 결국 구천은 부차의 신하가 됐고 구천의 부인은 부차의 첩이 되는 굴욕을 참았던 것이오. 이런 일도 있었는데 하물며 지금 왜적은 우리 명나라의 신첩(臣妾)이 되고자 한다는 뜻을 전해 오고 있소. 그러니 그것을 받아들인 뒤 차근차근 후일을 도모하는 것은 구천의 경우보다는 나은 것이 아니겠소. 그럼에도 참지 못한다면 소인배의 모자란 생각이지, 장차 원수를 갚겠다고 결심하여 인내하는 영웅의 자세는 아니오.

그대들이 왜적에게 봉공을 청하도록 해서 그게 이루어진다면 왜적은 반드시 우리 명나라의 처사에 매우 감동할 것이며 조선에도 고맙게 여겨 반드시 군사를 거두어 돌아갈 것이오. 왜적이 돌아간 뒤에 그대들 조선의 군신들이 성심으로 와신상담(臥薪嘗膽)한다면 하늘의 도움으로 왜적의 원수를 갚을 날이 오고야 말 것이오.'

이상은 대충 간추린 것이지만 원래는 수백, 수천의 글로 이뤄져 있었다.

호택이 객관(客館)에 머물고 있은 지 3개월이나 됐다. 우리 조정에서는 결정을 내리지 못하고 있었다. 그때 병으로 휴가 중이던 나는 장계를 올렸다.

"왜적을 위해 봉공하기를 왜적에게 청한다는 것은 참으로 도리에 어긋나는 일이어서 옳다고 할 수 없사옵니다. 그러하오니 요즘의 실상을 상세히 기록하여 명나라 조정에 알려 그 처분을 기다림이 마땅한 줄로 아룁니다."

이런 내용을 나는 여러 차례 장계로 올렸다. 그러자 임금께서 드디어 허락하셨다. 조정에서는 진주사(陳奏使 : 명나라 황제에게 자세하게 사정을 설명하기 위해 보내는 사신 – 역주)로 허욱을 명나라로 보냈다. 그때 요동에서는 경략 고양겸이 남을 비난한 죄로 해임되고 후임은 손광(孫鑛)이었다. 또 명나라 병부에서는 황제께 주청하여 왜국의 사신인 고니시 유키나가를 수도인 북경으로 불러들여 세 가지 일을 약속하게 했다.

"첫째, 봉작(封爵 : 제후를 봉함 – 역주)만 요구하고 조공은 요구하지 말 것. 둘째, 왜군은 단 한 사람도 부산에 머물러 있지 말 것. 셋째, 앞으로 영구히 조선을 침범치 말 것. 이 세 가지를 약속하고 지키지 않는다면 허락하지 않을 것이다."

왜국 사신은 하늘에 맹세하고 나서 약속을 지키겠다고 다짐했다.

드디어 명나라 조정에서는 심유경에게 왜국 사신 고니시 유키나가를 데리고 왜적 진영으로 가서 설득하게 했다. 그리고 이종성(李宗誠)과 양방형(楊方亨)을 상사(上使) · 부사(副使)로 임명하여 왜국으로 보내기로 했다. 그들이 왜국에 가서 할 일은 도요토미 히데요시를 왜왕(倭王)으로 봉하는 것이었다. 그러나 그들은 일단 우리나라 한양에 머물고 있다가 왜적이 완전히 철병한 뒤 왜국으로 들어

가게끔 했다.

1595년(선조 28) 4월, 한양에 도착한 이종성 일행은 계속적으로 왜적에게 철병하여 귀국할 것을 재촉했다. 그 바람에 왜적은 우선 웅천에 있는 몇 진과 거제·장문포·소진포 등 여러 진에 있던 군사들을 철수해 믿음을 얻으려 했다. 그런 뒤 인편으로 이렇게 전했다.

"먼젓번 평양성에서처럼 속을까 염려스러우니, 모쪼록 명나라 사신이 속히 군영으로 들어온다면 모두 약속한 대로 이행하겠습니다."

8월이 되어 원방형이 병무의 공문에 따라 부산에 도착했다. 그러나 왜적은 차일피일 시일을 끌면서 전원이 철수할 생각도 않고 있었다. 그러면서 상사(上使)가 오기만을 기다렸다. 이러한 왜적의 태도는 의심스러운 점이 많았다. 그러나 병부상서인 석성은 심유경의 말만 믿고 왜적을 의심할 필요가 없다고 말했다. 그런 그가 왜적의 철병을 재촉하는 한편 이종성에게도 속히 왜국으로 들어갈 것을 종용했다. 명나라 조정에서는 의론이 분분했어도 석성은 모든 책임을 자기가 지겠다며 자기 생각대로 일을 진행시켰다.

이종성이 양방형의 뒤를 이어 부산에 도착했다. 그랬음에도 고니시 유키나가는 그들을 찾아오지도 않았다. 다만 "앞으로 관백을 가 뵙고 그 명을 받들어 결정이 내려지는 대로 그때에 사신을 맞이하겠습니다"라는 말을 했을 따름이었다.

고니시 유키나가는 왜국으로 들어갔다가 1596년(선조 29) 1월에

다시 나왔다. 그러나 그때도 그는 왜병을 철수시키겠다는 말을 하지 않았다. 이에 심유경은 두 사신을 그냥 부산에 머물러 있도록 하고 단신으로 고니시 유키나가를 앞세워 왜국으로 떠났다. 떠나기전 그는 명나라 사신을 왜국에서 맞이하는 예절에 관해 의논하기위해 가는 것이라는 핑계를 댔는데 모두들 그 말을 믿지 못했었다.

비단옷 차림인 심유경이 배에 올라 '조즙양국(調戢兩國)'이라는네 글자를 크게 쓴 깃발을 뱃머리에 세우고 떠났다. 두 나라가 화해하여 전쟁을 끝낸다는 뜻의 글이다. 그러나 그가 떠난 뒤 오랫동안 이렇다 할 소식도 보내오지 않았다.

명나라 태조의 개국공신 이문충(李文忠)의 후손인 이종성은 조상의 은덕으로 부귀를 누리게 된 자이다. 그러나 그는 매우 겁이 많았다. 그런 그에게 누군가 이런 말을 했다 한다.

"왜추(倭酋 : 도요토미 히데요시를 낮추어 일컬음 — 역주)는 사실상봉작을 받을 의사가 없고 우리 사신(이종성 등을 가리킴 — 역주)들을유인해 가두고 욕을 보일 거야."

이종성은 그때부터 매우 두려워하며 한밤중에 평복으로 변장, 왜적 진영을 탈출했다. 하인과 소지품은 물론 사신이 지니고 있어야 하는 인장·신표까지도 버려둔 채 도망을 쳤던 것이다.

이튿날 왜적 진영에서 이종성이 없어진 것을 알고 여러 길을 다뒤졌으나 찾지 못하고 돌아왔다. 혼자 왜적 진영에 남게 된 양방형은 왜장들을 무마하는 한편 우리 조정에도 동요치 말라는 글을 보내었다.

190

이런 사건을 일으킨 이종성은 한길을 피해 산골짜기로만 도망치느라 며칠 동안 굶주린 채로 경주를 거쳐 귀국했던 것이다.

얼마 뒤 심유경과 고니시 유키나가가 비로소 돌아왔다. 그 뒤에 왜적은 곧 서생포·죽도 등의 진영을 철수시켰다. 아직 철수하지 않은 진영은 부산의 네 진영뿐이었다.

심유경은 양방형을 데리고 왜국으로 가게 되었다. 가기 전, 그는 우리 사신도 데려가겠다고 요구해 왔다. 우리 조정에서 탐탁하게 여기지 않자 심유경은 자기 조카 심무시(沈懋時)를 보내 재촉했다.

심무시가 어찌나 강력하게 우리 사신을 요구하는지 결국 조정에서 무신 이봉춘(李逢春)을 배신(陪臣)의 이름으로 보내게 되었다. 그러나 '무인이 가게 된다면 실수가 많을 수 있다. 그러니 문인이면서도 사리에 밝은 자를 보내야 한다'는 반대 때문에 배신을 바꾸기로 했다. 그래서 정해진 사람이 황신(黃愼)이었다. 그는 전에 심유경의 접빈사로 왜적 진영에 가 있었던 경력이 있는 사람이었다.

명나라 사신 양방형과 심유경이 왜국에서 돌아왔다.

양방형 등이 왜국에 도착했을 때의 일이었다. 관백 도요토미 히데요시는 관사를 성대하게 치장하여 명나라 사신들을 영접하려 했었다. 그런데 마침 큰 지진이 일어나 거의 다 허물어졌으므로 장소를 옮기지 않을 수 없었다.

관백은 그곳에서 두 사신을 한두 차례 만났었다. 처음에는 봉작을 받을 자세였다. 그러나 갑자기 화를 내며 말했다.

"우리는 조선의 왕자를 돌려보냈다. 그러니 조선에서도 마땅히 왕자를 보내 사례해야 하거늘 하찮은 벼슬아치를 사신으로 보냈다는 것은 우리를 업신여기는 처사가 아니고 무엇인가!"

일이 이렇게 되자 황신 일행은 우리의 국서도 전하지 못하고 있었다. 그런데도 양방형과 심유경이 재촉해 할 수 없이 그들과 함께 돌아오게 되었다. 게다가 명나라 조정에서는 사은의 예절조차 없었다.

이때 왜장 고니시 유키나가는 부산포로 돌아왔고 가토 기요마사는 다시 군사를 이끌고 서생포로 가 주둔했다. 그러면서 그는 큰소리를 쳤다.

"왕자를 보내 사례해야만 나는 이곳에서 군사를 철군시키겠다!"

관백 도요토미 히데요시의 요구는 대단히 지나친 것이었다. 그가 요구한 것은 봉공(封貢)만이 아니었다. 그러나 명나라에서는 봉작만 허락했을 뿐 조공은 허락하지 않았던 것이다. 그 까닭은 심유경과 고니시 유키나가가 서로 잘 아는 사이가 되었기 때문에 임시변통으로 일을 꾸며 성사시키려 한 데에 있었다. 그러니 과연 명나라 조정에서나 우리나라 조정에서 올바른 실정을 알지 못했고 결국은 일은 합의를 보지 못하게 된 것이다.

우리 조정에서는 곧바로 명나라에 사신을 보내 그러한 실상을 알렸다. 그리하여 석성과 심유경은 죄를 짓게 되었으며 명나라에서는 또다시 우리나라에 파병하게 되었다.

20. 아! 감옥살이의 이순신

수군통제사 이순신을 체포해 와 옥에 가뒀다.

원래 원균은 이순신이 난처하게 된 자기를 구해준 것을 은덕으로 생각했기 때문에 둘은 매우 사이가 좋았었다. 그러다가 얼마 뒤누구의 공이냐를 따지게 되면서부터 사이가 나빠졌던 것이다.

사실 원균은 음흉한 데다가 간사한 성품이다. 그는 중앙이나 지방할 것 없이 많은 인사들과 친교가 있었다. 그래서 그 사람들을 이용해 이순신을 열심히 모함했다.

원균은 여럿에게 늘 이렇게 주장해 왔다.

"이순신은 내가 지원해 줄 것을 부탁했으나 처음에는 오지 않았었소. 그랬는데 내가 여러 차례 간청을 하자 그때서야 마지못해 왔던 것이오. 그러니 왜적을 이기게 된 것은 나의 공이 단연 으뜸이지요."

이 말이 조정에까지 퍼지자 대신들의 의견은 둘로 갈리었다. 내가 이순신을 적극 추천했으므로 나와 사이가 좋지 않은 편에서는 원균과 함께 이순신을 맹공격했다. 그러나 우의정 이원익은 객관적으로 그렇지 않은 점을 밝히며 말했다.

"이순신과 원균은 각각 맡고 있는 구역이 달랐소. 그러니 자기가 맡은 구역을 버려두고 처음부터 재빨리 지원하지 않았다 하여 문제삼을 수는 없는 것이오."

이런 일이 벌어지기 전에 왜장 고니시 유키나가는 자기 졸병 요시라를 우리 진영에 자주 왕래케 했다.

가토 기요마사가 다시 공격하려 한다는 소문이 나돌던 어느 날, 요시라가 경상우병사 김응서를 은밀히 찾아가 이런 말을 했다.

"우리 고니시 유키나가 장군의 말씀으로는 '이번에 강화가 이뤄지지 못한 것은 가토 기요마사 때문이야. 그렇잖아도 미운 그 자가 며칠 뒤에 반드시 바다를 건너올 예정인데 제발 수전에 능한 조선군이 바다에서 기다리고 있다가 쳐부숴 주었으면 좋으련만. 이 기회를 놓치면 안 되는데.'라고 하셨습니다."

김응서는 이런 말을 조정에 알렸다. 조정에서는 김응서의 말을 믿었다.

해평군 윤근수(尹根壽 : 영의정 윤두수의 아우 – 역주)는 좋은 기회라면서 매우 좋아했다. 그리고 이 좋은 기회를 놓칠 수 없다며 여러 차례 임금께 아뢰어 이순신으로 하여금 나가 싸우게 했다. 잇단 재촉에도 불구하고 이순신은 왜적의 간계일 것이라고 의심하여 여러 날을 주저하며 그냥 있었다.

그럴 즈음 요시라가 다시 김응서의 진영에 나타나 말했다.

"가토 기요마사가 벌써 상륙해 버렸답니다. 어째 조선 수군이 그냥 놔뒀는지 모르겠습니다."

요시라의 표정은 사뭇 안타깝다는 투였다.

이 사실 또한 조정에까지 알려지게 되었다. 그러자 조정에서는 모든 잘못을 이순신에게 뒤집어씌웠다.

대간에서는 이순신을 체포해 와 국문하기를 청했다. 현풍에 사는 박성(朴惺)이라는 자는 그때의 조정 여론에 휩쓸려 다음과 같은 극단적인 상소문을 올리기까지 했다.

'이순신을 참형에 처하옵소서.'

조정에서는 드디어 의금부 도사를 보내어 이순신을 잡아들이게 하는 한편 그 자리에 원균을 앉혔다. 그러나 오히려 임금께서는 모든 일을 미심쩍어 하시며 특명을 내리셨다. 성균관 사성인 남이신(南以信)을 한산도로 보내 사찰하라는 특명이었다.

전라도에서는 군사와 백성이 모두 나와 남이신의 길을 막고 이순신의 억울함을 호소했다. 원통해 우는 사람들이 이루 다 헤아릴 수가 없었다. 그러나 남이신은 그 사실을 숨기고 이렇게 보고했다.

"가토 기요마사가 섬에서 7일 동안이나 머물러 있었다고 하옵니다. 그러니 만약 우리 수군이 가서 지켰더라면 가토 기요마사를 반드시 잡을 수 있었는데 이순신이 주저하며 며칠을 보내는 바람에 그만 좋은 기회를 놓쳐 버리고 말았사옵니다."

이순신이 하옥된 후 임금께서는 대신들에게 그 죄를 어떻게 다스려야 할지 논의하게 했다. 그러자 판중추부사 정탁(鄭琢)만이 이렇게 아뢰었다.

"이순신은 명장이라 죽여서는 아니 되옵니다. 군사 기밀의 이롭고 해로운 것은 멀리에 있었던 소신들이 미루어 판단할 수 있는 것은 아니옵니다. 이순신이 나가지 않은 데에는 반드시 그만한 까닭이 있었을 것으로 사료되옵니다. 하오니 청하옵건대 너그럽게 용서하시어 앞으로 공을 세우도록 함이 마땅한 줄 아옵니다."

조정에서는 단 한 차례의 고문 끝에 사형을 감하였다. 그리고 관직을 삭탈해 백의종군하도록 했다.

이순신이 옥에 갇혔다는 소식을 아산에 있던 그의 노모가 듣고 두려움과 근심으로 나날을 보내다가 끝내 세상을 뜨고 말았다.

이순신은 옥에서 풀려나 아산을 지나며 상복 차림을 했다. 그리고는 권율의 막하로 들어가 종군했다. 이 소식을 들은 모두가 대단히 슬퍼했다.

명나라 조정에서는 병부시랑 형개(邢玠)를 군문총독에, 요동 포정사 양호(楊鎬)를 조선 군무경리에, 마귀(麻貴)를 대장에 임명했다. 그리고 양원·유정·동일원 등에게 군사를 거느리게 하여 우리나라에 파병했다.

정유년(1597, 선조 30) 5월, 양원이 3천 군사를 거느리고 제일 먼저 나와 한양에 주둔했다. 그런 지 며칠 만에 전라도 남원으로 이동하여 주둔했다.

남원성은 전라도와 경상도의 요충지여서 성은 아주 견고하고 완벽했다. 이 성은 지난날 낙상지가 증축하고 잘 지켜냈기 때문에 그토록 견고했던 것이다. 남원성 밖에는 교룡산성이 있었다. 그런데 모두들 이 산성을 지키려 할 때 양원이 본성(本城)을 지켜야 한다며 담을 더 늘여서 쌓고 호를 팠으며 호 안에다는 다시 작은 성을 쌓아 그 위에다 또 담을 쌓게 했다. 이 공사는 밤낮없이 독려해 한 달이나 걸렸었다.

　　정유년 8월 7일, 한산도에서 우리 수군이 크게 패했다. 그로 인해 통제사 원균, 전라우수사 이억기는 전사했다. 그러나 경상우수사 배설(裵楔)은 도망쳐 가까스로 죽음을 면했다.

　　한산도에 부임한 원균이 맨 처음에 한 일은 이순신이 시행했던 여러 규정을 폐하여 바꾼 것이다. 부하 장수와 수군들 중에서 이순신에게 신임받았던 자들을 모조리 골라내어 쫓아 버렸다.

　　원균이 특히 미워했던 자는 이영남(李英男)이었다. 왜 그렇게 미워했느냐 하면 그는 전에 자기가 패전한 원인과 상황을 그 누구보다도 상세히 알고 있었기 때문이었다. 군사들은 드러내 놓지는 못했지만 원균의 그러한 처사에 다같이 미워했고 분노했다.

　　사실 이순신은 한산도에다 운주당(運籌堂)이라는 집을 짓고 거기에 거처하며 밤낮없이 장수들을 불러모아 전쟁에 대해 의논했다. 비록 지위가 낮은 군졸일지라도 전쟁에 대한 의견을 말하고자 하는 자에게는 그곳에 들러 밝히게끔 했다. 그러니 자연 군중(軍中)의 여러 사정에 밝았다. 그리고 전쟁을 하기에 앞서 번번이 전 부하 장수들을 불러 계책을 묻고 전략을 세운 뒤 싸움에 임했으므로 패전하는 일이 없었던 것이다. 그런데 그런 운주당에서 원균은 첩과 함께 거처하느라 울타리로 안팎을 다 막아 버렸다. 그러므로 장수들조차 그의 얼굴 보기가 힘들 지경이었다. 게다가 날마다 술이 취해 주정을 하고 화를 내며 형벌을 내림에도 법도를 지키지 않았다.

진중에서는 이렇게들 수군거렸다.

"만약 왜적과 맞닥뜨리게 된다면 도망치는 게 상책이야."

장수들은 장수들대로 함께 원균을 비난하고 비웃었다. 전쟁이나 군사에 관한 일을 얘기해 주지도 않았다. 또 그의 명령에 잘 따르지도 않았다.

그 무렵 왜적이 다시 침입하였다. 고니시 유키나가는 요시라를 김응서 진영으로 보내 거짓말을 하라고 시켰다.

"우리 수군의 배가 모일(某日)에는 더 증강하여 올 것입니다. 그러니 조선 수군은 지금 우리 수군을 맞아 쳐부수는 것이 좋겠지요."

이 말을 제일 굳게 믿은 것은 도원수 권율이었다. 그는 전에도 그런 정보를 무시하고 이순신이 나가 싸우지 않았기 때문에 벌을 받은 것을 생각하며 계속 원균에게 나가 싸우라고 독촉해 댔다. 그러자 원균은 '이순신은 왜적이 코앞에 와 있어도 진격하지 않았다'고 모함했던 일이 있는 데다 그 일로 이순신의 후임으로 통제사가 되었으니 뭐라 핑계 대고 나가지 않을 도리가 없었다. 그는 할 수 없이 자기 지휘권 안에 있는 함선을 총 출동시켜야만 했다.

그 출동 상황을 언덕 위에서 확인한 왜적 진영에서는 다른 진영으로 전달했다.

원균의 배가 절영도에 이르렀을 때 바람이 일며 물결이 높아졌다. 그리고 날이 저물어 배를 정박시킬 만한 곳을 찾을 수도 없었다. 자세히 살펴보니 왜적의 배가 바다 한가운데서 나타났다간 사라지곤 하기를 반복하고 있었다. 원균은 군사들을 독려해 그 왜적의 배 쪽으로 나아갔다.

군사들은 한산도에서 떠나 온종일 노를 저어 왔으므로 잠시 쉴 틈도 없었다. 그러니 피곤할 뿐만 아니라 기갈로 배를 제대로 운행할 수 없게 되었다. 어느 배나 다 마찬가지로 앞으로 나가는가 하면 또 옆으로 빠지기도 하고, 앞서는가 하면 곧 뒤처지곤 했다.

왜적들은 그런 우리 수군을 더 지치게 하려고 우리 쪽으로 다가왔다가 다시 달아나곤 할 뿐 교전할 태세를 취하지 않았다. 그러는 동안 밤은 깊어졌고 바람은 더욱 세차졌다. 우리 수군의 배는 이제 완전히 흩어져 방향조차 제대로 잡지 못한 채 떠돌게 되었다.

원균은 가까스로 가까이 있던 배 몇 척을 수습해 웅천에 속한 가덕도로 들어올 수 있었다. 갈증을 견디지 못한 수군들은 앞다퉈 배에서 내려 물을 마시기 시작했다. 바로 그때, 매복해 있던 왜적들이 뛰어나와 덮쳤다. 그래서 장수와 군사 모두 합해 4백여 명을 잃게 되었다.

용케 물러난 원균은 거제 칠천도에 도착할 수 있었다. 고성에 있던 권율은 원균이 아무런 전과도 올리지 못했다면서 급히 여러 사람에게 알리는 글을 띄웠다. 그러고는 원균을 불러다가 곤장으로 죄를 다스린 뒤 다시 전투에 임하라고 엄명을 내렸다.

진중으로 돌아온 원균은 홧술에 잔뜩 취해 누워 있었다. 여러 장수들이 전쟁에 관해 의논하려 했으나 만날 수조차 없었다.

그날 한밤중에 왜적이 배를 대 놓고 기습했으므로 원균의 군대는 대패했다. 도망친 원균은 바닷가에 닿기 바쁘게 배는 버려둔 채 언덕 위로 뛰었다. 그러나 비대한 몸집에 거동이 둔해 걸음을 옮기지 못해 한 소나무에 기대앉았다. 수행하는 부하들은 이미 뿔뿔이 흩어져 한 사람도 없었다.

누구의 말에 따르면 원균이 그곳에서 왜적에게 살해되었다 하고 또 누구는 달아났다고 하지만 확실하게 그 사실을 아는 사람은 아무도 없었다.

이억기는 배 위에서 투신하여 스스로 목숨을 끊었다. 벌써 애초부터 원균이 패전할 것이라고 배설은 여러 번 간했었다. 그날도 그는 칠천도는 물이 얕은 데다 협착하기까지 해 배를 운행하기 어려우니 다른 곳으로 옮겨 진을 치자고 했었다. 그러나 원균은 듣지 않았었다.

배설은 할 수 없이 자기가 거느린 배들끼리 은밀히 약속해 철저히 경계하면서 전투에 대비하고 있다가 왜적이 내습하자 재빨리 항구를 벗어나 빠져나왔기 때문에 그가 거느린 군사들만은 살아남게 된 것이다.

한산도로 돌아온 배설은 막사와 양곡 그리고 병기들을 모두 불태웠다. 성안에 있는 백성들은 왜적이 침입하지 않을 만한 곳으로 피란시켰다. 우리가 한산도에서 패전한 뒤 왜적은 승리의 기세를 한층 드높여 서쪽으로 침입했다. 그 바람에 남해군과 순천부가 함몰되었다.

왜적의 배들은 두치진에 이르러 상륙, 진격하여 남원부를 포위했다. 그러자 전라도와 충청도가 크게 흔들렸다.

임진년에 왜적이 우리나라를 침범한 이후 오직 우리 수군에게만 패했었다. 도요토미 히데요시는 그것이 분해 고니시 유키나가에게 반드시 책임지고 조선 수군을 쳐부수라는 명령을 내렸다. 그 때문에 고니시 유키나가는 김응서를 교묘한 거짓으로 속여 이순신에게 죄를 뒤집어씌웠다. 그리고 또 원균을 유인해 바다 한가운데로 나오게 하여 방비가 어떤지를 알아내고 습격했던 것이다. 지극히 교묘한 그들의 계책에 말려들어 크나큰 피해를 입고 말았으니 참으로 슬프고 원통한 일이 아닐 수 없다.

21. 이순신, 삼도수군통제사로 임명

왜적이 황석산성(黃石山城 : 경남 함양군 소재-역주)을 함락했다. 안음 현감 곽준(郭䞭), 전 함양 군수 조종도(趙宗道)가 죽고 말았다.

이 성은 처음에 체찰사 이원익, 도원수 권율이 도내(道內)의 산성들을 수축해 왜적 막는 일을 의논하여 쌓은 것이다. 그 뒤 공산(公山 : 달성군), 금오(金푬 : 서산군), 용기(龍記 : 운궁현), 부산(富山 : 월성군) 등의 산성을 쌓았다.

공산산성과 금오산성은 그중에서도 백성들의 힘이 제일 많이 든 곳이다. 그렇기 때문에 이웃 고을의 무기며 군량 등을 이 성안에 가득 쌓아 두게 되었으며 노약자는 물론 많은 백성들을 이주케 하여 성을 지켰으므로 전국적으로 유명해졌다.

왜적이 재침해 올 때 가토 기요마사는 서생포로부터 서쪽 전라도를 향해 진격하고 앞으로 고니시 유키나가가 수로를 이용해 이끌고 올 군사들과 합세하여 남원을 치려고 했다.

그때 우리는 도원수를 비롯한 모든 장병들이 지켜보며 왜적을 피하기만 했다. 그러면서 여러 산성을 수비하고 있는 이들에게 명령을 전하여 각자가 알아서 흩어져 피란을 하도록 했다. 그런 상황임에도 의병장 곽재우만은 창녕에 있는 화왕산성(火王山城)에 들어가 죽음을 무릅쓰고 성을 굳건히 지켰다. 그런데 산 밑에까지 진격한 왜적은 성이 험준한 위치에 쌓여 있는 데다 성안 백성들이 동요치 않고 안정되어 있는 모습을 정탐하고는 공격을 포기하고 돌아갔다.

안음 현감 곽준이 황석산성으로 들어가자 뒤이어 전 김해 부사 백사림(白士霖)도 들어왔다. 모두들 백사림이 무인인지라 그에 대한 믿음이 컸고 든든하게 여겼었다. 그런데 왜적에게 성이 공격당한 지 하루 만에 그가 도망치자 먼저 군사가 무너졌다.

성안으로 왜적이 밀려들자 곽준은 두 아들 곽이상(郭履祥) · 곽이후(郭履厚)와 함께 사절했다. 유문호(柳文虎)에게 출가한 곽준의 딸은 성 밖에 나와 있다가 비통한 소식을 듣고 여종에게 이렇게 말했다.

"아버지가 돌아가셨어도 내가 따라 죽지 않는 것은 남편이 살아

202

있기 때문이야. 그런데 남편까지 왜적에게 잡혀갔다 하니 내가 어찌 살겠느냐!"

결국 그녀는 목매달아 죽고 말았다.

조종도(趙宗道)는 전부터 이런 말을 했었다.

"나는 일찍부터 나라에서 벼슬을 한 사람이다. 그런데 어찌 도망친 무리들과 풀 속에 같이 숨었다 죽겠는가. 장부답게 당당히 죽음을 맞아야 한다."

그는 처자를 데리고 황석산성으로 들어가 이런 시를 짓기도 했다.

崆峒山外生猶喜 巡遠城中死亦榮
공 동 산 외 생 유 희   순 원 성 중 사 역 영

공동산 밖에 사는 것이 외려 기쁘고
장순과 허원처럼 성을 지키다 죽는 것 역시 영광스러워
(역주-공동산은 선인들이 도를 닦으며 은둔생활을 하던 곳이고, 장순과 허원은 당나라 현종 때 안녹산의 반란군에 맞서 끝까지 수양성을 지키다 순절한 무장들이다)

황석산성이 함락되자 조종도는 곽준과 함께 살해되고 말았다.

백의종군하던 이순신을 다시 기용해 삼도수군통제사로 임명하였다.

당연한 것이지만 한산도의 패전 소식에 조정에서는 물론 모든 백성들의 놀라움이 참으로 컸었다.

임금께서 비변사의 신하들을 불러 앞으로의 대책을 물었다. 놀랍고도 당황스러워 할 뿐 아무도 의견을 내놓지 못했다. 그때 경림군 김명원과 병조판서 이항복이 나직이 아뢰었다.

"이번의 패전은 원균 탓이오니 마땅히 이순신을 다시 기용해 통제사로 임명하는 길뿐이옵니다."

임금께서는 그 말에 따랐다.

그때는 이미 권율이 원균의 패전 소식을 접하고 이순신을 보내어 남은 군사를 수습하는 등 뒷일을 처리하도록 한 뒤였다. 이순신은 군관 하나를 대동하고 경상도에서 전라도로 들어갔다. 밤낮을 가리지 않고 이리저리 숨기도 하고 돌아가 가까스로 진도에 이르러 군사를 거두는 한편 왜적을 막기도 했다.

왜적에 의해 남원성이 함락되었다. 그 싸움에서 명나라 장수 양원이 도망쳐 돌아갔다. 우리의 전라 병사 이복남(李福男)·남원 부사 임현(任鉉)·조방장 김경로·광양 현관 이춘원(李春元)·명나라 장수의 접반사인 정기원(鄭期遠) 등은 모두 전사하고 말았다.

군기시의 파진군(破陣軍 : 요즘의 특공대와 비슷함-역주) 12명이 양원을 따라 남원성에 들어가 있었다. 그들도 다 왜적에 의해 전사했다. 그러나 김효겸(金孝謙) 하나만이 살아서 빠져나와 내게 성이 함락된 자초지종을 상세히 말했다.

남원에 도착한 총병 양원은 성을 한 길이나 더 높여 쌓았다. 그리고 성 밖의 양마장에다는 포 구멍을, 성문에다는 대포 서너 대를 설치했다. 호도 한 길이나 더 깊이 파 두었다. 한산도 패전으로 왜적은 수로와 육로로 몰려들었다. 그 소식이 갑자기 전해지자 성안은 매우 혼란스러워졌다. 백성들도 뿔뿔이 흩어져 도망쳤다. 총병 양원이 거느리고 있는 요동의 기병 3천여 명만이 성안에 남게되었다.

총병 양원은 전라 병사 이복남에게 공문을 보내 자기와 함께 남원성을 지키자고 했으나 며칠이 지나도 오지 않았다. 그는 자기의 정탐병을 계속 보내 급히 올 것을 재촉했다. 그제야 할 수 없이 도착한 이복남의 군사는 겨우 수백에 지나지 않았다. 그 뒤로 광양 현감 이춘원, 조방장 김경로가 잇달아 도착했다.

8월 13일, 왜적 선봉대 1백여 명이 성 밑까지 와 조총을 쏘아 대다가 멈췄다. 왜적들은 모두 밭고랑으로 들어가 서넛 혹은 너댓씩 짝을 지어 엎드려 있다가 나타나곤 했다. 왜적들의 조총은 계속해 발사되었다.

성 위에서 우리 군사들이 승자소포(勝字小炮 : 승리를 뜻하는 '勝' 자를 새긴 화포-역주)로 응전했다. 그러나 왜적 진영은 너무 멀었다. 뿐만 아니라 왜적은 몇 명씩 패를 지어 출동했다가는 숨어 버리곤 했기 때문에 우리가 쏘는 포는 그 왜적을 맞힐 수 없었다. 외려 우리 군사들이 자주 왜적의 총에 쓰러졌다.

얼마 후, 왜적 몇 명이 성 아래로 와 큰 소리로 불렀다. 총병이 병졸 하나를 통역과 함께 왜적 진영으로 보냈다. 그들이 받아온 왜적의 서신은 약전서(約戰書 : 전쟁을 통보하는 서신-역주)였다.

8월 14일, 성을 3면에서 포위한 왜적은 진을 친 뒤 총과 포를 번갈아 쏘아 대며 공격했다. 이런 싸움이 벌어지기 전 성 남문 밖에 빼곡히 들어찬 민가들을 총병 양원이 모두 불살라 버렸었다. 그러나 돌담이며 흙벽은 아직도 남아 있는 상태였다. 왜적들은 그 돌담과 흙벽을 이용해 숨어서 총을 쏘아 댔으므로 성 위에서는 조총에 맞아 쓰러지는 군사들이 속출했다.

8월 15일, 가만히 보고 있자니 왜적들은 성 밖에서 잡초와 벼를 베어 묶으며 크게 단을 만들고 있었다. 성안에서는 그것으로 무엇을 어쩌려는지 알 수 없었다. 그때 유격장군 진우충(陳愚衷)은 3천 군사를 거느리고 전주에 있었다. 때문에 남원에서는 매일같이 그들이 와서 구원해 줄 것을 기다리고 있었다. 그러나 기다리고 기다려도 구원하러 오지 않아 점점 더 불안해졌다.

그날 저녁 무렵이었다. 성가퀴를 지키고 있던 군사들은 서로 머리를 맞대고 귀엣말을 나누었다. 말에 안장을 얹는 등 여차하면 도망칠 기색이 역력했다.

초경(初更 : 밤 여덟 시경-역주)이 되었다. 그때 갑자기 왜적 진영이 소란스러워졌다. 큰 소리로 떠드는가 하면 무슨 물건을 운반하는 기척도 났다. 그런 왜적 진영 한군데에서는 함부로 총을 쏘아 댔다. 성 위에서는 총탄을 피하느라 고개를 움츠려 밖을 내려다보지도 못했다. 그렇게 한두 시간쯤 지나자 소란스럽던 분위기가 가라앉았다. 그런데 그때는 이미 커다란 풀단이며 짚단으로 참호가 다 메워져 있었다. 뿐만 아니라 양마장 안팎이 모두 풀단과 짚단으로 둘러 쌓여져 이제는 그것이 성보다도 높았다. 그리고 잠시 후 수많은 왜적들이 그것을 딛고 성 위로 침범했다. 성안에서는 일대 혼란이 일어날 수밖에 없었다.

남문 밖 양마장에서 파수하던 김효의(金孝義)가 황망히 성안으로 뛰어들었다. 그때 성 위에는 아무도 없었고 성안 여기저기서 맹렬한 불길이 치솟아오르고 있었다. 그는 급히 달려 북문에 이르렀다. 거기서는 명나라 기병들이 말에 오른 채 성문 밖으로 나가려 했으나 굳게 닫힌 성문을 쉬 열 수가 없었다. 흡사 발들이 묶여 있는 말을 타고 있는 꼴이었다.

어렵사리 성문이 열리자 기병들이 서로들 앞다투어 나가려 매우 혼란스러웠다. 성문 밖으로 나간 기병들은 두 겹 세 겹으로 둘러싸고 있는 왜적들이 휘두르는 긴 칼에 찔리고 목이 달아났다. 다행히 달이 밝아 용케 살아난 군사는 불과 몇 명뿐이었다.

총병 양원은 수행하는 군사들의 도움을 받아 달리는 말로 돌진해 나올 수 있었다. 그러나 나와서 보니 겨우 제 몸 하나만 살아남아 있었다. 그러나 어떤 사람은 말하기를 '왜적이 총병 양원인 줄을 알고, 짐짓 모른 척 빠져나가게끔 했다'는 것이었다.

김효의는 누구랑 동반해 성문을 빠져나왔는데 그 동반자는 왜적의 칼에 죽고 말았다. 성에서 빠져나오는 즉시 김효의는 논 속으로 뛰어들어 숨어 있다가 왜적이 완전히 물러간 뒤에야 도망쳐 살아날 수 있었다.

총병이기는 하지만 양원은 요동의 장수라 북쪽 오랑캐를 치는 전술에는 능했지만 사실 왜적을 방어함에는 서툴기 짝이 없었다. 그것이 대패한 원인이었다. 그런 얘기들 말고도 평지에다 쌓은 성은 수비하기가 매우 어렵다는 점도 알게 되었다. 그래서 김효의에게 들은 상세한 여러 얘기를 기록하여 훗날 성을 수비하는 이들에게 조언과 경계를 하고자 하는 것이다.

남원성이 함락되자 전주 이북의 지방들도 모조리 무너져 버려 어쩔 수가 없게 되었다. 양원은 뒤에 남원의 대패로 참수당했으며 그 머리는 또 조리돌림까지 당해야 했다.

통제사 이순신은 진도 벽파정(碧波亭) 아래에서 왜적을 크게 무찌르고 왜장 다마시를 잡아 죽였다.

이순신은 진도에서 병선들을 수습했는데 겨우 10여 척에 불과했다. 그때는 배를 타고 피란하는 바닷가 백성들이 수없이 많았다. 그들은 이순신이 돌아왔다는 소문에 하나같이 기뻐했다.

이순신이 여러 곳에서 사람들을 불러 맞이했기 때문에 가까운 곳에서는 물론 먼 곳의 백성들까지 구름처럼 모여들었다. 그는 이렇게 모여든 백성들을 군대의 후방에 배치하여 부대의 형세를 돕게끔 했다.

앞에서 말한 왜장 다마시는 수전(水戰)에 능한 것으로 평가받고 있었다. 그러한 그가 전선(戰船) 2백여 척을 이끌고 서해를 침범하려다가 벽파정 아래에서 이순신을 만나게 됐던 것이다. 그때 이순신은 전선 12척에 대포를 싣고 조수가 밀려드는 것을 이용해 썰물을 타고 가 공격했다. 그러자 왜적들은 패하여 도망치기에 바빴고 왜장은 잡히고 만 것이다. 이 전투로 이순신과 그가 거느린 군대의 명성과 위세를 다시금 드높이 떨치게 되었다.

이순신의 군사는 벌써 8천여 명을 헤아리게 되었다. 그는 군대를 이끌고 고금도(古今島)로 나아가 주둔했다. 군량이 떨어질까 염려하여 해로통행첩(海路通行帖 : 바다를 통행할 수 있는 증명서–역주)을 만들고 영을 내렸다.

"경상 · 전라 · 충청도 연해를 통행하는 공선(公船)이나 사선(私船)을 막론하고 통행첩이 없으면 간첩으로 간주하여 통행을 금지한다."

이런 영이 내려지자 배편으로 피란길에 오른 백성들은 모두 첩지를 받아 갔다. 이순신은 통행첩을 줄 때 배가 작고 큰 차이에 따라 등급을 매겨 곡식을 바치게 한 뒤 통행첩을 발급했다. 큰 배는 3석(石), 중선은 2석, 소선은 1석이었다.

피란인들은 모두들 재물과 곡식을 배에 싣고 바다에 나온 터여서 그 정도의 곡식을 바치는 것은 어렵게 여기지 않았다. 이렇게 되어 군량 1만여 석을 10일 동안에 마련할 수 있었다. 또 기술자나 손재주가 있는 사람을 모집하여 거둬들인 구리와 쇠로 대포를 주조하는 한편 나무를 베어다 배를 만들었다. 이런 일들도 무난히 이루어졌다. 먼 곳, 가까운 곳에서 피란 온 백성들이 이순신을 찾아와 집을 짓기도 하고 또는 막을 세워 장사를 해 생계를 꾸려갔다. 이렇듯 번창하였으므로 섬이 비좁을 지경이었다.

얼마 뒤 명나라의 수군 제독 진린(陳璘)이 우리나라에 파견되자 그는 고금도까지 찾아 내려와 이순신의 군사와 합병하였다. 진린 제독은 성품이 사나워 많은 사람들과 사이가 좋지 않았으며 그 때문에 그를 두려워하기 일쑤였다.

임금께서는 청파(靑坡) 들녘까지 나오셔서 진린을 전송했다.

진린의 군사는 함부로 수령에게 욕설과 구타를 했다. 한번은 찰방 이상규(李尙規)의 목에 새끼줄을 걸어 끌고 다녔기 때문에 얼굴이 피투성이인 것을 본 나는 역관을 시켜 말렸다. 그러나 듣지 않았다.

나는 자리를 같이하고 있던 재신들에게 말했다.

"잘못하면 애석하게도 이순신의 군사가 앞으로 벌어지는 해전에서 패전할지도 모르겠군! 진린과 함께 있으면 그 행동에 제약을 받게 되고 또 의견이 상충하여 장수로서의 권한을 빼앗기게 될지도 모르겠어. 또 우리 수군들이 부당하게 학대받을 수도 있을 텐데, 그렇게 된다면 이순신의 군사가 어찌 패전치 않으리라 보장할 수가 있겠는가?"

내 말에 재신들도 '그렇다'며 서로 탄식을 했다.

진린 제독이 온다는 전갈을 받은 이순신은 군사들에게 사냥을 하고 물고기를 잡게 했다. 사슴·돼지·해산물 등으로 성대한 잔칫상을 차려 놓고 기다렸다.

진린의 배가 들어오자 이순신은 군대의 의식을 갖춰 멀리까지 나가 영접했다. 그리고 그를 비롯한 명나라 수군을 풍성하게 대접했다. 여러 장수는 물론 병졸에 이르기까지 흠뻑 취하지 않은 자가 없었다. 그들은 입을 모아 이순신을 훌륭한 장수라 했고 진린 제독도 매우 흡족해 했다.

한참 지난 뒤 왜적의 군선이 가까운 섬을 침범했다는 급보가 날아왔다. 이순신이 군사를 보내 보기 좋게 패배시켰다. 왜적의 머리 40여 수를 모두 진린에게 보내며 그의 공으로 돌렸다.

진린은 기대 이상으로 과분한 대우에 무척 기뻐했다.

이런 일들이 있은 후부터는 모든 일을 이순신에게 문의해 행했으며 출타할 때는 이순신과 교자를 나란히 하여 타고 다녔다. 그는 이순신의 교자를 감히 앞서지 못했다.

이순신은 진린 제독으로 하여금 명나라와 우리나라 군사 간에 아무런 차별을 두지 않겠다는 약속을 받아 냈다. 또 섬의 백성들한테서 아주 사소한 물건 하나라도 빼앗는 자가 있으면 즉시 잡아다 매로 다스렸기 때문에 군령을 어기는 자는 하나도 없었다. 이렇듯 질서가 잡힌 섬 안 분위기는 엄숙하면서도 화평했다.

진린 제독은 우리 임금께 글을 올렸다. 그 편지 내용 중에는 '통제사 이순신은 천하를 다스릴 수 있는 지략이 있으며 위태로운 국운을 일으킬, 그러한 큰 공을 세울 것입니다'라는 구절이 있었다. 이것은 그가 이순신에게 감복했다는 증좌인 것이다.

22. 참으로 비통하도다, 이순신의 전사!

왜적이 물러갔다.

물러가기 전, 경상·전라·충청 3도를 짓밟은 왜적들은 발길이 닿는 곳마다 집이란 집은 다 불사르고 백성들을 무참히 죽였다. 우리 백성들을 잡으면 어김없이 코를 베어 내는 등 잔혹했다. 때문에 왜적이 직산(稷山)에 닿게 되자 한양 백성들은 모두 도망치고 말았다.

9월 9일, 왕비께서는 왜적을 피해 서쪽을 향해 떠나셨다.

명나라 군사의 경리인 양호(楊鎬), 제독 마귀(麻貴)는 한양에 있다가 왜적이 오지 못하도록 했다. 평안도 군사 5천, 황해·경기도 군사 수천 명을 징발해 한강 요소들에 배치해 철저히 경비케 했다.

왜적은 경기도 경계에서 물러났다. 그때 가토 기요마사는 다시 울산에 주둔해 있었고 고니시 유키나가는 순천에다 진을 쳤다. 그리고 시마즈 요시히로는 사천에 머물러 있었다. 그러니까 왜적의 선두에서 후미에 이르기까지는 7백~8백 리나 되었다.

조정에서는 도성을 지키기 어렵다는 판단에 조신(朝臣)들이 잇달아 피란할 계책을 왕께 올렸다.

지사 신잡(申礏)은 이렇게 자기 의견을 아뢰었다.

"당연히 임금께서는 영변으로 행차하셔야만 합니다. 신이 일찍이 병사(兵使)로 일한 적이 있어 영변 사정을 자세히 알고 있습니

212

다. 단 하나 걱정되는 것은 장이 없다는 것이옵니다만 그것도 미리 준비해 둔다면 큰 어려움은 아니옵니다."

신잡의 말에 서로 얼굴을 마주하며 비웃었다.

"신일(辛日 : 일진에 '辛'자가 든 날-역주)에는 장을 담그지 않는다 했소."

다른 대신은 이렇게 말하기도 했다.

"왜적의 일을 그렇게 걱정할 것 없습니다. 시일이 오래되면 스스로 물러갈 것입니다. 그러니 다만 임금을 모시고 편안한 곳으로 가는 것뿐입니다."

임금께서는 급히 달려온 권율을 불러 대책이 무엇인지 물으셨다.

권율이 아뢰었다.

"애초 임금께서 도성에 너무 빨리 돌아오신 것이 적합지 아니했던 것 같사옵니다. 서쪽에 머물러 계시면서 왜적의 동정을 살피셨어야 하였사옵니다."

얼마 뒤 왜적이 물러갔다는 소식이 들어왔다. 그 소식에 권율은 급히 경상도로 내려갔다.

대간들이 임금께 아뢰었다.

"권율은 계략이 부족한 데다 겁이 많으니 도원수 자리에 그냥 두는 게 적당치 않사옵니다."

임금께서는 윤허하지 않으셨다.

12월의 일이다. 경리 양호와 제독 마귀가 기병 · 보병을 합쳐 수만 명을 거느리고 내려가 울산의 왜적 진영을 쳤다.

그때 왜장 가토 기요마사는 울산군에 속한 동쪽 바닷가 험준한 곳을 골라 쌓은 성에 있었다. 경리와 제독은 왜적이 방심하고 있는 틈을 타 전격적으로 공격했던 것이다. 공격할 때 우선 철갑으로 무장한 정예 기병을 투입했으므로 왜적은 그냥 당하고 말았다. 명나라 군사에 의해 외책(外柵)이 점령당하자 왜적들은 내성으로 쫓겨 들어갔다. 그럼에도 명나라 군사들은 왜적들이 버리고 간 물건들을 챙기기 바빠 공격을 멈추었다. 그 틈을 타 성문을 굳게 닫아걸고 힘껏 수비했기 때문에 명나라 군사들은 아무리 열심히 공격해도 성을 함락시킬 수 없었다.

어찌할 도리가 없는 명나라 군사들은 성 밑 여러 곳에다 진을 치고 포위했다. 그러나 13일이 지나도 왜적은 나올 기미를 보이지 않았다.

12월 29일에 나는 경주에서 울산으로 가 경리와 제독을 만났다. 멀리 떨어져 있는 왜적의 성루를 보니 매우 조용했고 왜적의 모습도 보이지 않았다. 성 위에는 여장(女墻 : 성 위에다 덧대어 쌓은 낮은 담−역주)도 설치되어 있지 않았다. 네 성벽 위에다 모두 긴 행랑을 만들어 놓았다. 왜의 수비군은 늘 그곳에 들어가 있다가 명나라와 우리 군사가 성 밑에 나타나면 조총을 마구 쏘아 댔다. 그러한 교전이 매일같이 반복되자 성 밑에는 우리 쪽 군사들의 시체가 쌓이기 시작했다.

왜적의 배가 서생포에서 자기 부대를 구원하기 위해 왔다. 그 왜적의 전선은 마치 오리나 기러기 떼처럼 정박했다.

도산성(島山城)에 물이 부족했으므로 왜적 군사들은 밤을 틈타 성 밖으로 나와서 물을 길어 갔다.

경리가 김응서에게 명했다. 용사를 거느리고 성 밖 우물로 가 매복하라는 지시였다. 그렇게 하여 매일 1백여 명을 사로잡았다. 왜적들은 지친 데다 굶주려 겨우 목숨만 부지하고 있는 상태였다.

여러 장수들이 입을 모아 말했다.

"성안에 물도 없는 데다 먹을 것이 떨어졌으니 오랫동안 포위를 풀지 않으면 저절로 무너지고 말 것이야."

날씨가 몹시 추워지고 비까지 내렸으므로 군사들은 손발이 얼었다.

그즈음 왜적의 구원병이 왔다. 경리 양호는 지레 겁을 먹고는 군사를 물리고 말았다.

이듬해 1월, 명나라 장수들은 수도(首都)로 돌아가 다시 공격할 계획을 세우고 있었다.

무술년(戊戌 : 1598, 선조 31) 7월, 경리 양호는 파면되고 그 자리에 만세덕(萬世德)이 임명되었다. 양호가 파면된 내력은 이러했다. 총병관 형개(邢玠)의 참모 정응태(丁應泰)가, 황제를 속여 일을 실패하게 한 양호의 잘못 10여 가지를 들어 보고했기 때문에 황제가 파면시켰던 것이다. 그래서 임금께서는 '여러 경리 중에서도 가장 뛰어나 왜적을 토벌하는 데도 공을 세웠다. 그러므로 그를 벌하지 말아 달라'는 주문(奏文)을 들려 좌의정 이원익을 명나라 수도로 보냈다.

1598년 8월, 양호가 명나라로 떠나게 되자 임금께서는 홍제원 동쪽까지 나가 전송하면서 눈물을 흘리셨다. 우리나라로 파견할 만세덕은 아직 도착하지 않았었다.

1598년 9월, 형개는 군부대를 새로 개편해 배치했다. 마귀에게는 울산을, 동일원에게는 사천을, 유정은 순천을 그리고 진린에게는 수로를 맡게 했다. 그러고는 곧 공격 명령을 내렸다. 그러나 모두 이기지 못했다. 그중에서도 동일원은 왜적에게 패하여 사상자를 제일 많이 냈다.

1598년 10월, 제독 유정은 순천의 왜적 진영을 쳤고 통제사 이순신은 왜적 구원병을 바다 한가운데서 크게 패배시켰다. 그러나 그 해전에서 이순신은 전사하고야 말았다.

왜장 고니시 유키나가는 성을 버리고 도망치고 부산·울산·하동 등의 바닷가에 진을 쳤던 왜적들은 모두 물러갔다. 당시 고니시 유키나가는 순천 예교(曳橋)에다 성을 쌓고서 완강히 버티고 있었다. 유정 제독이 대군을 거느리고 가 공격했음에도 이길 수가 없었다. 유 제독은 일단 순천으로 돌아왔다가 얼마 뒤 다시 맹렬히 공격했다.

이순신은 명나라 진린 장수와 함께 후미진 바다 어귀를 공격하며 계속 조여 댔다. 고니시 유키나가는 사천에 주둔하고 있던 시

216

마즈 요시히로에게 구원을 요청하기에 이르렀다. 그러나 이순신은 시마즈 요시히로 선단을 공격, 왜적 전선 5백여 척을 불태웠다. 죽은 왜적은 수도 없이 많았다. 이순신은 도망치는 왜적 전선을 남해까지 추격했다. 화살과 총알이 빗발치는 것을 무릅쓰고 직접 선두에서 지휘하며 싸웠다. 그러던 중 적탄이 그의 가슴께를 관통했다. 부하들이 부랴부랴 장막 안으로 옮겨 눕혔다. 이순신이 부하들에게 말했다.

"지금은 싸움이 매우 급한 때다. 그러니 절대로 내가 죽었다는 것을 밝히지 마라!"

이 말을 마치고 이내 숨을 거두고 말았다.

이순신의 조카 이완(李莞)은 담력이 있고 도량이 넓은 사람이었다. 그는 숙부인 이순신의 죽음을 숨긴 채 삼도수군통제사(이순신)의 명령이라며 계속해 독려하며 지휘했다. 그랬으므로 이순신의 죽음은 오래도록 알려지지 않았다.

또 이완은 장수 진린의 배가 포위된 것을 알고 군선을 지휘해 구원했다. 왜적의 배들이 뿔뿔이 흩어져 달아난 뒤에 진린은 이순신에게 인편으로 자기를 구해 준 것에 사례했다. 그제야 이순신의 죽음을 알게 된 진린은 의자에 앉았다가 바닥으로 몸을 던지며 가슴을 쳤다.

"나는 공께서 직접 오셔서 구해 주신 줄로 알았는데 이게 도대체 무슨 일이란 말이오!"

그는 계속 가슴을 치며 통곡했다. 그러자 모든 군사들이 통곡했고 그 곡성은 바다를 진동시켰다.

왜장 고니시 유키나가는 우리의 수군이 왜적을 추격하느라 자기 진영을 그냥 지나친 틈을 이용해 재빨리 뒤로 빠져 도망쳤다.

이에 앞선 7월, 왜적의 수괴 도요토미 히데요시가 죽었으므로 바닷가에 진을 치며 버티었던 왜적들이 모두 물러갔다.

우리 군대, 명나라 군대는 이순신 서거 소식에 각 진영마다 통곡이 이어졌다. 마치 부모의 상을 당한 때와 다르지 않았다. 또 영구(靈柩)가 지나는 곳마다 제전(祭奠)을 차린 백성들이 상여를 잡고는 놓지 못하며 통곡했다.

"공께서 우리를 살려 놓으시고 정작 공께서는 우리를 버리시고 어디로 가시는 것입니까?"

백성들이 길을 막아 상여는 움직일 수조차 없었다.

조정에서는 이순신에게 의정부 우의정을 추증했다.

명나라 군문인 형개는 바닷가에 사당을 세워 그의 충혼을 제사하며 기리는 것이 마땅하다고 했으나 그 일은 이뤄지지 않았다. 그러자 바닷가 백성들이 한마음으로 모여 민충사(愍忠祠)를 짓고 사철 제사를 올렸다. 어부의 배와 상인들도 그곳을 지날 때는 반드시 제사를 올렸다.

이순신은 자가 여해(汝諧)로 본관은 덕수(德水)이다. 그의 선조 중 이변(李邊)은 벼슬이 판중추부사(判中樞府使)에까지 올랐으며 강직한 것으로 명성이 높았다. 그의 증조(曾祖)인 이거(李琚)는 성종

(成宗)을 섬겼다. 연산군이 동궁일 때 그는 강관(講官)이었기 때문에 동궁을 가르쳤다. 너무나 엄격해 동궁이 꺼렸었다. 또 그가 일찍이 장령(掌令)일 때는 어떤 자라 할지라도 탄핵을 서슴지 않았다. 권력이 있는 자들도 예외는 아니었으므로 모든 관료들이 그를 '호랑이 장령'이라 칭할 정도였다.

이순신의 조부 이백록(李百祿)은 가문의 음덕으로 벼슬을 했다. 그러나 아버지 이정(李貞)은 벼슬살이를 하지 않았다.

그는 어려서부터 재주 있고 활달해 어디에도 구속을 받지 않았다. 아이들과 놀 때에는 나무를 깎아 활과 화살을 만들었다. 활도 잘 쏘았으며 마음에 들지 않는 사람이 나타나면 눈을 쏘려고 해 어른이나 노인들도 그를 두려워했었다. 어떤 사람은 그의 집 대문 앞을 지나기조차 꺼려 하는 경우가 있었다.

이렇던 그가 장성하여 활을 잘 쏘아 무과(武科)에 급제했다. 그의 조상들은 대대로 유학(儒學)을 공부하는 문인(문관)이었다. 그런데 이순신이 처음으로 무과에 급제하여 종8품직인 권지훈련원봉사(權知訓練院奉事)의 직에 임명되었다. 그때 병조판서 김귀영(金貴榮)이 서출인 자기 딸을 이순신에게 첩으로 주려고 했지만 그는 응하지 않았다. 어떤 이가 그 이유를 묻자 이순신은 이렇게 대답했다.

"이제 내가 처음으로 벼슬길에 올랐는데, 어찌 권세가의 힘을 얻고 의지하여 승진하기를 바랄 수가 있겠는가."

병조정랑인 서익(徐益)은 훈련원에 있는 자기와 친한 사람을, 순서가 아님에도 서열을 바꾸어 승급자로 추천하려고 했다. 그때 훈련원의 장무관이었던 이순신은 그것은 옳지 못한 일이며 장무관으로서는 할 수 없는 일이라며 단호히 거절했다. 그러자 서익은 하위층에 있는 자에게 상급자가 보내는 호출장을 보내 이순신을 불러들여 뜰아래 세워 놓고 문책했다. 이순신은 말도 그렇고 태도도 그렇고 조금도 꿀림이 없었다. 서익은 더욱 화가 나 큰 소리로 꾸짖었다. 그래도 이순신은 조용히 대답하면서 끝까지 기가 죽지 않았다. 서익은 원래 객기가 심해 남들을 업신여기기를 잘했다. 그래서 많은 이들은 그를 꺼려 가깝게 지내지도 않았고 말다툼을 하려들지도 않았다.

그날 그 광경을 목격하게 된 하급 관리들은 서로 얼굴을 마주하며 혀를 내둘렀다.

"저 이순신이란 분이 우리 병조의 정랑되시는 분에게 저렇게 대항했으니 참으로 앞날이 걱정스럽군."

등등했던 기세가 꺾이게 되자 서익은 계면쩍어하면서 이순신을 돌려보냈다. 날이 저문 뒤였다. 이 일로 식견이 있는 이들은 모두들 이순신의 인품에 칭찬을 보냈다.

이순신이 옥에 갇혔을 때는 앞날의 일들이 어떻게 될지 모두들 염려스러워 했다. 그때 한 옥리(獄吏 : 간수-역주)가 그의 조카인 이분(李芬)에게 귀띔을 했다.

"뇌물을 쓰시오. 그러면 풀려날 수 있을 것이외다."

이순신은 그런 말을 전하는 조카에게 화를 내며 말했다.

220

"죽으면 죽었지 어찌 도리에 어긋난 짓을 해 살려 들겠느냐!"

이순신의 지조는 이러했다.

이순신은 말과 웃음이 헤프지 않았으며 항상 용모가 단정한 선비풍이었다. 그러나 배짱과 용기 그리고 담력이 있어 나라가 위급에 처하게 되면 자신의 몸을 돌보지 않았다. 그가 목숨을 내걸고 전쟁에 임한 것도 평소의 수양 결과였다.

그에게는 이희신(李羲臣), 이요신(李堯臣) 두 형이 있었다. 그러나 모두 일찍 세상을 떠났기 때문에 이순신은 형들이 남긴 자녀를 자기 친자식처럼 돌보았고 장가들였으며 시집보냈다. 모든 일들은 자기 자식보다 언제나 조카들이 먼저였다.

이순신의 숱한 재간(才幹)은 명운(命運)이 없어 그 어느 하나도 제대로 펴 보지 못한 채 죽고 말았으니 이 어찌 애석한 일이 아니냐!

통제사 이순신은 군영에 있을 때는 밤낮없이 갑옷을 단단히 차려입고 지냈다.

견내량(見乃梁)에서 왜적과 대치하고 있을 때의 일이었다. 그날은 여러 배들이 이미 닻을 내렸고 달이 매우 밝았었다.

이순신은 그때도 물론 갑옷 차림인 채 전투 때 두드리는 북을 베고 누워 있었다. 그는 잠시 그렇게 있다가 갑자기 벌떡 일어나 가까이에 있는 병졸을 불러 소주를 가져오게 했다. 한 잔 마시고 나서 여러 장수를 불러오도록 했다.

"오늘 밤은 참 달이 밝구려. 왜적은 간사한 꾀를 잘 부려 달 없는 밤에 습격을 해 왔지만 이렇게 달이 밝아도 습격을 할지 모르니 경비에 엄중을 기할 필요가 있겠소."

그는 이렇게 말하고 나팔로 신호하여 모든 배들이 닻을 올리게끔 했다. 그리고 나서 척후선(斥候船)에 명령을 전했다. 척후병들을 모두 깨워 왜적의 습격에 대비하도록 했다. 그런 지 얼마 뒤 척후병이 달려와 왜적이 온다고 보고했다.

이때 달은 서산에 걸려 산 그림자가 바다에 드리웠다. 그런 어둠 속에서 수많은 왜적의 전선이 몰려오고 있었다. 곧 우리 배들 가까이까지 다가올 기세였다.

이에 가운데에 위치한 우리 배에서 대포를 쏘며 함성을 질렀다. 그러자 우리 배들이 일제히 왜적을 공격했다. 왜적들도 조총으로 일제 사격을 개시했다. 그러나 우리의 공격을 당해 내지 못한 왜적들은 바삐 달아나 버리고 말았다.

여러 장수들은 이러한 이순신을 신(神)으로 여겼다.

제4부

...

녹후잡기(錄後雜記)

1. 꼬리를 잇는 괴이한 일들

무인년(戊寅 : 1578, 선조 11) 가을, 혜성이 뻗쳤다. 그 모양이 흰 비단 같았는데 서쪽에서 동쪽으로 펼쳐져 있다가 몇 달 뒤에 사라졌다.

무자년(戊子 : 1588, 선조 21), 한강 물이 3일간이나 붉게 물들어 있었다.

신묘년(辛卯 : 1591, 선조 24), 죽산(竹山 : 현 전남 해남군) 대평원(大平院) 뒤에서는 돌이 스스로 일어섰다. 그리고 통진현(通津縣 : 현 경기 김포)에서는 쓰러졌던 버드나무가 다시 일어났다. 이런 일들로 인해 민간에서는 '장차 도읍이 옮겨질 징조'라는 말이 떠돌았다.

또 동해의 물고기가 서해에서 잡혔다. 이 물고기들은 한강으로 거슬러 올라오기까지 했다. 청어는 원래 해주에서 잡혔는데 10여 년 동안 전혀 잡히지 않았다. 그런데 요동만(遼東灣)으로 옮겨가 거기서 잡혔다. 그래서 요동 사람들은 그 물고기를 신어(新漁)라고 불

224

렀다.

또 요동의 팔참(八站) 백성들이 아무 까닭도 없이 놀라면서 '조선에 도적이 들어 조선 왕자의 가마가 압록강에 이르렀다'는 말을 퍼뜨렸다. 그로 인해 노인과 어린이들이 산으로 피하기도 했었는데 며칠 뒤에야 겨우 진정되었다.

우리나라 사신이 북경에서 돌아오는 길에 금석산(金石山) 어귀에 있는 하(河)씨 집에서 묵게 되었다. 그때 그 집 주인이 이렇게 말했다.

"한 조선 통역관이 내게 '당신 집에 3년 묵은 술과 5년 묵은 술이 있거든 아낌없이 마시고 즐겁게 놀아 보시오. 오래지 않아 군사들이 들이닥칠 것인데 당신에게 술이 있다 한들 그걸 누가 마실까요?' 했소. 이 말이 퍼지자 요동 사람들은 조선이 다른 뜻을 품고 있다는 의심을 품게 되어 많이들 놀랐었다오."

사신이 귀국해 임금께 그 일을 아뢰었다. 그러자 조정에서는 역관 중에 없는 말을 만들어 나라를 어지럽힌 자가 반드시 있을 것이라고 판단했다. 그리하여 서너 명을 체포해 인정전 뜰에서 국문하고 압슬화형(무거운 돌덩이로 무릎을 짓누르고 달군 쇠로 살갗을 지지는 형벌-역주)을 했으나 아무도 그런 적이 없다 하므로 결국엔 죽음에 이르렀다. 이 일은 신묘년에 일어났고 이듬해인 임진년에 왜란이 일어나고야 말았다.

위에 적은 여러 일들을 볼 때, 큰 나리가 터지기 전에는 비록 사람들이 깨닫지 못할지라도 여러 조짐이 나타난다는 것을 알 수 있다. 하기야 흰 무지개가 해를 꿰뚫고 금성이 하늘을 지나는 것은 어느 해나 일어나는 일이요 사람들은 그것을 모른 채 살아가는 것이긴 하다.

또 도성 안에는 항상 검은 기운이 서려 있다. 연기도 아니고 안개도 아닌데 땅바닥에 서리어 하늘까지 닿는다. 이런 현상은 거의 10여 년 동안 계속되었다. 그런 것 말고도 다른 변괴가 있었으나 다 기록하기 어려웠다. 하늘이 인간에게 경고함이 매우 간절한데 다만 인간들이 그것을 깨닫지 못할 뿐이었다.

2. 세상만사가 천운인 것을

두보(杜甫)의 시에 다음과 같은 것이 있다. 괴이한 일을 소재로 한 시이다.

長安城頭頭白鳥　夜飛延秋門上呼
장 안 성 두 두 백 조　야 비 연 추 문 상 호

又向人家啄大屋　屋底達官走避胡
우 향 인 가 탁 대 옥　옥 저 달 관 주 피 호

장안성 위 머리 흰 까마귀

226

연추문 위를 밤에 날아와 우짖네.

또 사람이 사는 큰 집을 쪼고

달관(통달한 벼슬아치)은 집 아래에서 오랑캐를 피해서 가네.

임진년 4월 17일, 왜적이 침입했다. 그 보고에 조정은 물론 백성들도 모두 당황해 어쩔 줄을 몰랐다. 그때 궁궐 후원에서 울던 괴이한 새가 날아올라 가까이에서 또 먼 데서 계속 우짖었다. 단 한 마리뿐이었는데 온 성안에 가득해 그 새 소리를 듣지 않은 사람이 없었다. 그리고 밤낮을 가리지 않고 우짖었다. 그런 지 10여 일 뒤 임금께서 피란길에 오르셨다. 그리고 왜적이 도성에 들어왔다. 궁궐과 묘사(廟社), 관청, 민가들이 텅 비게 되었다. 참으로 기이한 일이었다.

5월에는 내가 임금을 따라 평양에 도착, 김내진(金乃進)의 집에 기거하게 되었다. 내게 김내진이 말했다.

"몇 해 전에 승냥이가 성안에 여러 번 나타났었소. 또 대동강이 빨갛게 물들었는데 동쪽은 매우 탁했고 서쪽은 맑았었소. 그런 일이 있은 뒤에 이런 난리가 일어났군요."

아직 왜적이 평양에 들어오지는 않았던 때라 나는 그냥 듣고 아무런 말도 하지 않았다. 그러나 마음속으로는 좋지 않아 했다. 얼마 뒤에 결국 평양 또한 함락되고 말았다. 들짐승인 승냥이가 사람 많은 성안에 나타난다는 것은 합당치 않은 일이다. 역사책『춘추(春秋)』에 '북방에서만 살게 된 구욕(鸜鵒)이라는 새가 남방에 와서 둥지를 틀고……' 하는 구절을 떠올리게 했다. 이는 하늘이 인간에게 내린 계시이며 성인이 후세인을 위해 경계한 글이니 두려워하고 조심해야 되는 것이다.

임진년 봄에서 여름 사이에 목성(木星)이 미성(尾星)과 기성(箕星)을 지켰다. 미성과 기성은 곧 연(燕)나라의 분할 구역이며 예로부터 우리나라는 연나라와 동일한 분할 구역에 속한다고 해 왔다.

이 무렵 왜적은 차차 진격해 왔기 때문에 민심이 흉흉해져 어쩌면 좋을지 알 수 없었다. 그러던 어느 날, 임금께서 이런 교지를 내리셨다.

'지금 우리나라에 복성(福星)이 있으니 왜적을 두려워 말라.'

그것은 임금께서 민심을 안정시키기 위해 내린 교지일 것이다. 그러나 도성은 왜적의 손에 넘어가고 말았다. 결국은 예전대로 나라를 회복할 수 있었으며 도성도 되찾을 수 있었다. 또 왜적의 괴수인 도요토미 히데요시는 끝까지 흉역(凶逆)을 부리지 못하게끔 죽어 버린 것이다.

이 모두가 어찌 우연이라 할 수 있는가. 이 세상만사는 천운(天運) 아닌 것이 없다.

3. 병법의 으뜸은 '유리한 지형'

왜적은 참으로 간사하고도 교활했다. 전쟁 방법 중 어느 하나도 남을 속이는 잔꾀에서 비롯되지 않은 것이 없었다. 임진년의 경우 한양에 들어올 때까지는 그런 방법이 잘 먹혀 성공했으나 평양에서 졸렬했다.

태평세월이 백여 년 동안이나 지속되었으므로 우리나라 백성들은 전쟁에 무지했었다. 느닷없이 왜적이 침입했다는 소식을 접하고 어쩔 줄 몰라 우왕좌왕했다. 원근의 지방들이 바람에 휩쓸린 듯하자 이제는 완전히 넋을 잃게 되었다. 왜적은 멈춤 없는 기세로 10일 만에 한양까지 진격해 왔다. 그렇게 되자 지혜 있는 사람이 지혜롭게 행동하지 못했고 용맹한 사람은 결단을 내리지 못해 흩어진 민심을 수습할 길이 없게 되었다. 그렇게 되도록 만든 것은 왜적의 꾀이자 교묘한 계책이었다. 왜적은 늘 승리하게 된다는 자만에 빠져 후방을 돌볼 겨를도 없이 각 도(道)로 나뉘어 들어가 제멋대로 미친 듯 침탈했다. 그러나 군사가 나뉘게 되면 그만치 세력이 약해지는 법이다.

천 리에 걸쳐 진영(陣營)을 늘어 놓고는 시일을 허비하며 장기간 버티고 있었다. 그것은 이른바 '강력한 쇠뇌로 쏜 화살도 먼 데까지 가느라 힘이 빠져 명주처럼 얇디얇은 천도 뚫지 못한다'는 말처럼 되는 것과 다르지 않다. '고립된 군사가 적지에 깊숙이 들어간다면 어찌 용이하게 돌아갈 수 있겠는가'라는 병법에도 맞는 것이었다.

이런 상황일 때 4만여의 명나라 군사가 평양을 쳐부수자 각 도에 나뉘어 있던 왜적 부대 모두의 기세가 꺾이고 말았다. 비록 아직도 도성은 점령하고 있는 채였으나 이미 대세는 기울어 버린 것이었다. 우리 백성들도 사방에서 일어나 대항했으니 왜적들은 앞뒤에 있으면서도 서로 구원할 수 없어 도망칠 수밖에 없었다. 나는 이런 까닭으로 평양에서의 왜적은 졸렬했다고 말하는 것이다.

아! 왜적의 이런 실책이 우리에게는 참으로 다행이었다. 하지만 우리나라에 진정한 장수가 하나만 있어 그가 군사 몇 만 명을 거느리고 틈을 노려 공격했다면 긴 뱀이 토막 나듯 되었을 것인데 그렇지 못했다. 평양에서 패전한 왜적을 공격했더라면 왜적의 수장(首將)을 힘들이지 않고 잡았을 것이며 한양 이남에서 왜적을 공격했다면 그들의 수레 하나도 돌아가지 못했을 것이다. 만약 그렇게만 되었다면 왜적은 간담이 서늘해져서 수십, 수백 년 동안 우리를 바로 쳐다보지도 못해 우리로서는 다시 뒷걱정을 할 일이 없게 되었을 것이 아닌가.

그러나 그 당시 우리는 너무나도 약해서 쉽게 할 수 있는 일도 하지 못했다. 명나라의 장수들도 이런 계책을 쓸 줄 몰라 왜적들로 하여금 쉽게 가고 오게 했던 것이다. 그 때문에 왜적은 뉘우치거나 두려워하지 않고 외려 이것저것 요구하게 되었다. 그렇게 되자 그제야 가장 졸렬한 계책인 봉공(封貢)으로 왜적을 견제코자 했다. 참으로 애석한 노릇이다. 지금 생각해도 분통이 터질 일이기만 하다.

옛적에 조착(鼂錯 : 전한 시대의 정치가, 문학에도 통달했음-역주)이 문제(文帝)에게 병법에 대해 다음과 같이 진언했다 한다.

"전쟁터에서 적과 싸울 때 가장 중요한 세 가지가 있습니다. 그 첫째는 지형을 이용하는 것이고, 둘째는 군졸들에게 명령을 잘 듣고 익히게 하는 것이며, 셋째는 병기가 예리해야 한다는 것입니다. 이 세 가지는 병법의 기본이라 승패를 결정합니다. 그러니 장수라면 익히 알아야만 하는 것입니다."

왜적은 전투에 익숙하고 무기가 예리했다. 더구나 예전에는 없었던 '조총'이라는 것을 가지고 있다. 그 조총은 멀리까지 가 정확하게 맞히는데 이는 화살의 몇 갑절이나 된다. 만일 평탄하고 넓은 들판에서 두 진이 마주쳐 전의 병법대로 교전했다면 우리는 왜적과 겨루기 매우 힘들었을 것이다.

화살이란 아무리 힘껏 쏴도 백 보밖에 이르지 못하지만 조총 탄알은 수백 보까지 날아가 맞춘다. 게다가 날아오는 총알은 마치 우박처럼 퍼부어 댄다. 그걸 당해 내지 못하는 것은 당연한 일이다. 그렇지만 먼저 지형을 잘 선택해 험준한 산이라든가 빽빽한 숲 지대라면 매복하여 화살을 날릴 수 있다. 더구나 양쪽에서 매복해 한꺼번에 활을 쏜다면 비록 조총과 예리한 창·칼을 가진 왜적일지라도 그 무기들이 소용없게 되어 승리했을 것이다.

이제 한 예를 들어 내 얘기를 증명해 보겠다.

임진년에 왜적이 한양에 들어와 매일같이 성 밖에서 노략질하며 원릉(園陵)까지도 보전할 수 없게 되었었다. 그때 고양(高陽)에 사는 진사 이로(李櫓)는 활도 좀 쓸 줄 아는 데다 담력이 있었다. 그는 어느 날 누구 하나와 함께 창릉(昌陵)과 경릉(敬陵)에 가게 되었다. 그런데 뜻밖에도 왜적이 산골짜기에 가득했다.

이로는 어쩔 도리가 없어 등나무가 우거진 숲 속으로 도망쳤다. 왜적들이 다가와 이곳저곳을 수색했다. 이로는 동행자와 서로 눈짓으로 약속하고 활을 쏘았다. 시위 소리와 함께 왜적들이 모두 쓰러졌다. 그들은 자리를 이리저리로 옮겨 활을 쏘고는 숨었다. 왜적들이 점점 많아져 헤아리기 힘들 지경이었다. 그러나 이제 왜적들은 가다가 숲만 보이면 멀리서도 피해 달아났다. 감히 가까이 올 생각조차 하지 못했다. 그래서 창릉과 경릉을 지킬 수 있게 되었다. 이것으로만 보더라도 유리한 지형을 차지하느냐 그렇지 못하냐에 따라 승패가 결정됨을 알 수가 있다.

왜적이 상주(尙州)에 있을 때 신립·이일 등이 만일 이런 계책을 쓸 줄 알았다면 먼저 토천(兎遷 : 문경 남쪽에 있는 지명—역주)과 조령의 30여 리 중간 중간에 사수를 매복시켰을 것이다. 그러면 왜적은 우리 군사가 많은지 적은지 헤아리지 못했을 것이고 우리가 승리했을 것이다. 그러나 훈련이 안 된 오합지졸을 거느린 채 그 유리한 험지를 버리고 평지에서 전투를 했으니 대패한 것이 당연했다.

내가 병법을 앞에서도 적어 놓고 또다시 더 적어 놓는 것은 훗날에 반드시 참고하고 일깨워 주기 위함인 것이다.

4. 우연히 떠오른 기발한 계책

성곽은 적을 막고 백성들을 보호하는 것이 목적이므로 견고해야 함은 당연하다.

옛날부터 성을 말할 때는 으레 치(雉)의 중요성을 언급했다. 즉 1천 치니 1백 치니 하는 것이 그것이다.

평상시 나는 글을 꼼꼼하게 읽지 않았기 때문에 치라는 것이 무엇인지 잘 알지 못했다. 늘 타(垜 : 살받이터)와 치를 같은 것으로 알고 있었다. 그렇기 때문에 나는 타, 즉 살받이터가 1백 또는 1천에 불과하다면 성이 너무나 작아 백성들을 제대로 수용할 수가 없을 뿐만 아니라 있으나 마나 하지 않겠느냐고 생각했었다. 그랬던 나는 왜란이 일어난 뒤에 읽게 된 명나라 장수 척계광(戚繼光)이 지은 책 『기효신서(紀効新書)』에서 치와 타가 같은 게 아님을 알게 되었다.

치는 우리가 흔히 말하는 곡성(曲城 : 적의 침입이 용이치 않게끔 성문을 밖에서 둥글게 쌓은 것-역주)이나 옹성(甕城 : 성문을 보호하기 위해 성문 밖에다 쌓은 작은 성-역주)임을 알게 되었다. 곡성·옹성이 딸리지 않은 성이라면 군사들이 살받이터에다 방패를 세우고 수비한다고 하여도 외부에서 날아오는 화살이나 돌은 막을 수 있어도 적이 성벽에 바짝 붙었을 때는 관측이 불가능해 제대로 수비할 수 없게 된다.

『기효신서』에는 50타마다 1치를 두어 그것이 2~3장(丈 : 1장은 약 3미터-역주)쯤 나오게 했다. 치 둘 사이의 거리는 50타이니까 1치는 25타를 점령하는 셈이다. 그렇게 설치되어 있으므로 화살 날아가는 힘이 가장 세며 그런 화살을 좌우로 돌아보며 날릴 수 있다. 적군이 성 밑으로 다가와서 성벽에 붙을 수도 없다.

임진년 가을, 나는 안주에 오랫동안 있었다. 왜적은 평양에 있었다. 만약 왜적이 서쪽으로 밀려온다면 행재소를 막을 곳은 아무 데도 없었다. 그렇기 때문에 공정을 생각지도 않고 안주성을 수축하여 그곳을 지킬 생각만 했던 것이다.

9월 9일(중양일重陽日), 청천강에 나가 주성(州城)을 지켜보며 조용히 앉아 생각을 펼치다가 문득 한 가지 계책을 떠올렸다. 성 밖의 지형에 따라 별도로 뾰족하게 나온 치처럼 쌓자는 생각이었다. 속은 텅 비게 만들어 그 안에 군사와 백성을 배치하고 전면과 좌우로는 또 구멍을 내어 안에서 발포하도록 꾸민다는 것이었다. 그리고 그 위에다는 1천 보쯤 되는 거리에서 맞바라보게 다락을 세운다. 대포 속에는 새알만 한 탄환을 서너 말 가량 넣어 두었다가 왜적이 가까이에 왔을 때 두 곳에서 번갈아 발포하면 적군과 말이 가루처럼 될 것이다. 이렇게 하면 다른 성가퀴에 수비병을 세워 두지 않더라도 대포가 설치된 다락의 수십 명의 군사만으로도 훌륭히 성을 지켜낼 수가 있게 된다…… 등의 생각을 했던 것이다.

이는 사실 성을 지켜내는 기발한 생각이었다. 하기야 치를 모방한 것이기는 했어도 오히려 치보다 그 효력이 훨씬 클 것이 틀림없다. 1천 보 안으로 왜적이 오지 못한다면 긴 사다리도, 또 성문을 부수기 위해 만든 쇠로 된 차도 소용없게 되는 것이다. 우연히 생각해낸 것이긴 했지만 나는 행재소에다 알렸고 그런 뒤 경연(經筵)에서도 여러 번 제안했다.

1596년(선조29) 봄, 나의 좋은 생각을 많은 이들에게 알려 실행이 되었으면 싶었다. 그래서 한양 동쪽 수구문(水九門) 밖에다 터를 골라 돌을 모아 만들기 시작했다. 그러나 그 동안 이론(異論)이 분분해 다 만들지 못하고 폐지했다.

훗날, 원대한 계책을 가진 사람이 나와서 내 생각을 다듬어 실행할 수 있게 된다면 그로 인해 참으로 큰 이익을 얻게 될 것이다.

5. 잘못 간 앞 수레바퀴 자국

친구 김성일이 경상 우감사로 임명된 것은 내가 안주에 있을 때였다. 그가 내게 보낸 편지에 이런 구절이 있었다.

'진주성을 수리해 죽기를 각오하고 지킬 작정이오.'

전에 왜적이 진주를 한 번 침범했었으나 패하고 물러간 일이 있었으므로 나는 이런 내용의 답서를 보냈다.

'멀지 않은 때 반드시 왜적이 보복하려고 침범할 것이오. 와도 대규모의 군사로 편성될 것이오. 수비하기가 매우 어려울 테니 꼭

포루(炮樓)를 세워 대비해야 할 것 같소.'

그리고 이어서 그 방법을 자세히 적었다.

1593년(선조 26) 6월, 왜적의 진주성 공격 소식을 듣고 종사관 신경진에게 일렀다.

"진주성이 매우 위태로우니 걱정이야. 포루가 설치되어 있으면 지탱할 수 있겠고 그렇지 않다면 지켜내기 어려울 것이네."

얼마 뒤 나는 합천에 내려가 진주성 함락 소식을 접했다. 김성일과 가까운 달성 현감 조종도(趙宗道)가 내게 말했다.

"작년에 사순(士純 : 김성일의 자-역주)과 함께 진주에 있을 때 그가 공의 편지를 받아 보고는 아주 기발한 계책이라며 뛸 듯이 좋아했지요. 그러면서 즉시 그의 아랫사람 몇 명을 데리고 성을 돌아보고는 8개소에다 포루를 설치키로 했지요. 또 급히 나무를 베어 강물에 띄워 내려 보내도록 독려하기까지 했어요. 그랬더니 고을 백성들이 그 역사(役事)에 크게 불만스러워했고 모두들 '전에는 포루같은 게 없어도 성을 지켜 냈고 왜놈들을 물리쳤는데 무엇 때문에 이렇게 우리를 괴롭히는지 모르겠소!' 하고 입을 모았습니다. 그래도 사순은 그런 불평을 흘려들었소이다. 그렇게 재목을 준비하고 공사를 시작한 지 며칠 만에 사순이 그만 덜컥 병이 나서 영영 일어나지 못해 포루를 설치하는 일도 중단되고 말았어요."

아! 김성일의 불행은 진주성과 많은 백성들의 불행이었다. 참으로 운수라서 인력으로는 어찌할 수 있는 일이 아니었다.

임진년(1592, 선조 25) 4월, 왜적이 우리나라에 상륙, 여러 고을을 차례차례 함락시켰다. 그렇게 되니 우리 군사는 그 소문만 듣고도 감히 교전할 생각도 않고 뿔뿔이 흩어졌다.

비변사(備邊司)의 신하들은 매일 대궐에 모여 방어책을 강구했으나 아무런 계책도 내놓지 못했다. 그 전에 누가 말했다.

"왜적들이 창·칼을 잘 쓴다는데 우리 군사들은 그걸 막을 갑옷이 없어 감히 대적할 생각을 못하는 것입니다. 그러니 쇠로 갑옷을 만들어 온몸을 싸게 한다면 그것을 입고 적진으로 돌격, 승리를 거둘 수 있겠습니다."

여럿이 그 말에 찬동했다. 그래서 공인들을 모아다 밤낮없이 쇠를 달구어 두드려서 철갑을 만들었다. 하지만 나는 그것을 옳지 않게 생각했다. 그래서 이렇게 반대했다.

"전쟁터에서는 구름처럼 모여들기도 하고 어떤 때는 새 떼처럼 흩어지기도 하게 되는 것이오. 그러니 그 무엇보다도 빠른 움직임이 중요하오. 그런데 온몸을 감싸는 철갑옷을 입는다면 그 무게만으로도 몸을 쉽게 놀릴 수가 없소. 그 몸으로 어찌 왜적을 물리칠 수가 있느냐 말이오?"

결국은 며칠 뒤 갑옷을 입고 싸우는 것이 어려운 일임을 깨닫게 되어 만드는 일이 중단되었다.

대간이 대신들에게 의견을 청했다. 한 대간이 화가 잔뜩 난 얼굴로 말했다. 도대체 대신들은 여태 무엇을 했느냐며 무모하다는 것이었다. 즉석에서 무슨 계책이 있느냐고 물었다. 그가 대답했다.

"어째서 한강 강변에다 높은 누각을 많이 설치하지 않았습니까?

그걸 설치하여 왜적이 건너오지 못하게 하고 우리 군사들이 내려다
보면서 활을 쏘게 해야만 합니다."

그의 말에 누군가 이렇게 말했다.

"왜적들의 조총 쇠탄환은 올라오지 않는답니까?"

그 사람은 아무 말도 못하고 물러갔다. 그 말들이 퍼져 웃음거리
가 되었다.

전쟁터는 항상 달리 변하기 때문에 일정치 않고 병법 또한 그러
하다. 때와 장소에 따라 적당히 전진, 후퇴하기도 하며 나뉘었다가
합치는 계책을 쓰기도 해 그 병법은 무궁하다 할 것이다. 그것이
군사를 거느린 장수에게 달려 있다. 그러니 입으로만 떠드는 온갖
그럴듯한 말이나 계책은 아무런 소용이 없다. 다만 한 사람이라도
더 장수다운 인재를 가려 쓰고 육성하는 게 중요할 따름이다. 앞에
서도 기록했듯이 조착이 진언한 세 가지 계책이 참된 것이라 그중
한 가지라도 빠뜨려서는 안 된다. 그 외의 잡다한 의견들이 무슨
도움을 주겠는가.

사변이 일어나지 않았을 때 나라에서는 장수가 될 만한 인물을
가려 뽑아 두었다가 사변이 터지면 장수로 임명해야 한다. 가려 뽑
을 때는 정밀함이 요구되고 임명함에 있어서는 전적으로 그 장수에
게 맡겨야 한다. 한때의 수군 장수는 박홍 · 원균이었고 육군의 장
수는 이각 · 조대곤이었다. 그런데 사실 그들은 장수로서의 인재가
아니었고 임명 또한 적절치 못했다.

사변이 발발하자 순변사 · 방어사 · 조방장 등은 다들 조정에서

명령을 받고서 왔기 때문에 모든 것에 결정권이 있었다. 그러니까 각자가 제 마음대로 지휘하고 제멋대로 진퇴하여 통솔되지 않았다. '여럿이 주장하면 패한다'는 일반적인 상식조차도 어긴 것이다.

또 자기가 양성한 군사를 자기가 지휘하지 않고, 거느린 군사들은 자기가 양성하지 않았으므로 장수와 군사가 서로를 알지 못하게 되었으니 이는 곧 군대에서 제일 먼저 철저하게 지켜야 할 금기 사항이다.

앞장섰던 수레가 뒤집혔으면 빨리 고쳐야 한다. 그런데도 고칠 생각은 않고, 왜 뒤집혔는지는 따져보지도 않고 뒤집힌 수레의 바퀴 자국을 따라가고 있다. 그러면서도 무사하기를 바라는 것은 요행만을 믿는 어리석음이다.

이런 어리석음들은 한두 가지 예로 끝낼 수 없이 많고도 많으니, 이것이야말로 참으로 위태한 것이다.

6. 칡덩굴 다리로 기병이 말을 달리다

계사년 1월, 명나라 군대가 평양을 출발했다. 나는 그보다 앞서 떠났다. 그때, 임진강 얼음이 녹아 건널 수 없게 되자 이여송 제독은 계속 인편으로 부교를 놓으라고 재촉질이었다.

내가 금교역(金郊驛)에 도착했다. 아전과 백성들을 거느린 황해도 수령이 명나라 군대를 영접하고 음식을 대접하기 위해 모여들었다. 그들로 들판이 가득 찼다.

우봉 현령 이희원(李希原)에게 고을 백성들이 얼마나 되는가 물었더니 수백 명에 이른다는 대답이었다.

내가 그에게 분부했다.

"그대는 될 수 있는 한 많은 사람들을 데리고 산에 올라 칡덩굴을 걷어 오도록 하게나. 그리고 내일 낮 임진강 어귀에서 만나도록 하세. 때를 어기면 안 되네."

그는 곧 물러갔고 나는 개성부에서 유숙했다.

이튿날 새벽, 나는 덕진강으로 말을 몰았다. 아직 강의 얼음은 완전히 녹지 않았었다. 그러나 커다란 얼음덩이들이 떠 있어 하류에서 배가 올라오지를 못했다. 경기 순찰사 권징을 비롯해 수사 이빈, 장단 부사 한덕원, 창의 추의군 1천여 명이 강변으로 나와 있었으나 그들 모두 어찌할 도리가 없어 그냥 그렇게 모두 모여만 있었다.

나는 우봉 사람을 불러 거둬들인 칡덩굴을 가져오게끔 했다. 그것으로 동아줄을 꼬아 만들게 했다. 아주 굵고 기다란 동아줄은 강을 가로 걸치기에 부족함이 없었다. 남쪽과 북쪽, 강의 양 언덕에다 큰 기둥을 각각 두 개씩 마주 서게끔 세웠다. 그 두 기둥 사이에 나무둥치를 가로질러 거기에 동아줄 열다섯 가닥을 묶었고 그 동아줄들을 팽팽하게 강 건너로 가로지르게 하여 역시 그쪽 두 기둥 사이에 가로지른 나무둥치에 단단히 고정시켰다. 그러나 강의 폭이 너무 넓어 중간쯤에서는 물에 잠기게 되었다. 생각했던 것처럼 일직선으로 강물 위쪽으로 팽팽하게 떠 있게 되지 않자 모두들 공연히 사람들 힘만 빼게 했을 뿐 헛일이 됐다고 말했다. 그래서 나는 많은 사람들에게 각자 한 팔 길이쯤 되는 막대기로 동아줄을 몇 바퀴씩 감게끔 시켰다. 그랬더니 동아줄 길이가 줄어들며 팽팽해지더니 강물에 잠겼던 부분이 물 위로 떠올라 공중에 걸치게 되었다. 그 열다섯 가닥의 동아줄 위에다는 버드나무 가지들을 쳐다가 얹고 그 위를 풀로 두껍게 덮었다. 그러고 나서 마지막으로 흙을 깔았다. 그렇게 만들어진 다리를 본 명나라 군사들은 훌륭하다면서 아주 기뻐했다.

기병들은 채찍질하며 말을 몰았고 포차(炮車)와 병기도 모두 뒤이어 건넜다. 얼마쯤 지나자 건너는 군사가 많아져 팽팽했던 동아줄이 늘어져 강물에 닿을락말락하게 되었다. 그러나 대군은 얕은 여울을 찾아 건넜으므로 별달리 걱정될 일은 일어나지 않았다.

뒤에 생각하게 된 것이지만, 넉넉한 시간 여유를 가지고 칡덩굴을 더 많이 걷어다가 동아줄을 두 배인 30가닥으로 했더라면 더 팽팽했을 테고 늘어지지도 않았을 것이었다.

훨씬 뒤에 『남북사(南北史)』라는 중국 역사서를 읽게 되었는데 거기에 이런 구절이 있었다.

'제나라가 양나라를 쳤을 때 양나라 임금 규(巋)는 주나라 종관 육승(陸勝)의 힘을 빌려 함께 막았다. 그때 주나라 사람이 협구(峽口) 남쪽 언덕에다 성을 쌓고는 큰 동아줄을 강 위로 가로질러 당겨

매 놓고는 그 위에다가 갈대를 엮어 얹어 다리를 만들어 군량을 운반했다.'

이 방법이 곧 내가 생각한 칡 동아줄 다리와 다르지 않았다. 내가 생각해 낸 계책이 옛날에도 썼던 계책임을 알고는 쓴웃음이 나왔으나 그래도 이런 기록을 남겨 뒷날 창졸간에 대처함에 있어 도움을 주려고 한다.

7. 왜적 진영에 들어가 화약을 만든 사람

계사년(1593) 여름, 나는 한양 묵사동(墨寺洞)에서 병으로 누워 있었다. 그 무렵 하루는 명나라 장수 낙장지가 찾아와 친절한 병문안 끝에 말했다.

"현재 조선은 힘이 미약하고 왜적은 아직도 조선에 있습니다. 그러니 군사를 훈련시켜 왜적을 막는 것이 무엇보다도 시급한 일입니다. 그리고 우리 명나라 군사가 돌아가기 전에 군사를 양성 · 훈련시키는 방법을 배우고 익혀서 그렇게 배운 사람 하나가 열 명을 가르치고 그 열 명이 백 명을 가르치게 되면 몇 년 지나지 않아 정예 부대로 나라를 지키게 될 것입니다."

감동한 나는 곧 급히 행재소에 알렸다. 그리고는 금군(禁軍) 한사립(韓士立)에게 한양 내에서 군사를 모집하게 했다. 모집한 70명의 군사를 낙상지에게 보내 가르침을 청했다. 그는 자기 부하 중에 진법에 능한 장육삼(張六三)을 비롯한 10명을 선정하여 밤낮으로 창·검술, 낭선(筤筅 : 가지가 많은 대나무 자루의 창-역주) 등의 기술을 습득시켰다.

얼마 뒤 내가 남쪽으로 내려가게 되어 그 교습은 폐지되었다. 그런데 임금께서 장계를 보시고는 비변사에서 별도의 도감(都監 : 훈련도감-역주)을 설치 훈련시키게 했다. 좌의정 윤두수가 그 일 전 과정을 주관하도록 했다.

1593년 가을, 남쪽에 내려가 있던 나는 행재소의 부름을 받았다. 가는 길에 임금의 행차를 해주에서 맞이하게 되었다.

임금을 모시고 한양으로 오던 중 연안(延安)에서 내게 윤두수가 맡았던 도감의 업무 전체를 주관하라고 어명을 내리셨다.

그때는 한양에 기근이 아주 심했다. 나는 용산창에 보관된 명나라에서 보내온 좁쌀 1천 석을 방출하도록 요청했다. 그리고 매일 한 사람 앞에 곡식 두 되를 주도록 했다. 군사 모집에 응하는 사람이 사방에서 속속 몰려들었다. 도감 당상관인 조경(趙儆)은 곡식이 부족해 다 줄 수가 없으니 어떤 기준을 만들어야겠다고 제안했다. 그래서 군사 모집에 응하는 사람들에게 무거운 돌을 들게 해 힘이 어떤가를 시험했다. 그 다음에는 높이 10척(약 3미터-역주)을 뛰어넘게 하여 넘는 사람은 뽑고 그렇지 못한 사람은 탈락시켰다. 그런데 모두가 굶주려 합격하는 사람은 10명 중 한두 사람에 불과했다. 심지어 어떤 사람은 그 시험을 보려고 오긴 했지만 도감 문 앞에서 쓰러져 죽기도 했다.

오랜 기간을 거치자 수백, 수천 명을 뽑을 수 있었다. 그들을 파총(把總 : 종4품 무관-역주)과 초관(哨棺 : 1초 즉 1백여 명을 거느린 우두머리-역주)으로 임명하여 각 부서에서 근무하게 했다. 또 조총 다루는 법도 가르치려 했으나 화약이 없어 그만두었다.

군기시의 기술자 대풍손(大豊孫)이 왜의 진영에 들어가 화약을 많이 만들어 주었기 때문에 그를 잡아 강화도에 가두어 두었다가 죽이려 했었다. 그러나 내가 그를 특별히 용서해 염초(焰硝)를 많이 만들어 지은 죄를 속죄하게끔 했다. 그는 우선 감격했고 내게 송구스러워하며 있는 힘을 다해 화약을 만들어 냈다. 하루 동안에 몇 십 근이나 만들었다. 그러고는 매일 각 부서에 분배하여 밤낮으로 사격술을 높이도록 했으며 우열의 등급으로 상벌을 시행했다.

보람이 있어 한 달 뒤에는 나는 새를 맞힐 수준에까지 올랐으며 서너 달 뒤에 항복한 왜적 또는 명나라의 총 잘 쏘는 이와 견주어도 뒤지는 자가 없게 되었다. 아니 어떤 자는 그들보다도 월등하기까지 했다.

나는 계획서를 올렸다.

군량을 조치하고 더 많은 군사를 모집하자는 것, 그 군사가 1만 명이 되거든 5영(營)을 설치하여 각 영마다 2천 명씩 소속시키자는 것, 매년 그 절반은 성 밖으로 내보내 넓고 비옥한 땅을 골라 둔전(屯田)을 만들어 곡식을 생산케 하여 군량으로 쓰게 하자는 등의 내용이었다.

임금께서는 그것을 병조에 내려 보냈다. 그러나 곧바로 시행되질 않아 결국 아무런 효과를 볼 수 없었다.

8. 심유경의 긴 서신

심유경은 평양에서 왜의 진영에 드나들며 수고를 하기는 했다. 그러나 강화를 꾀하는 출입이었으므로 우리는 좋아하지 않았다.

맨 나중에는 왜적이 부산에 남은 채 오랫동안 제 나라로 돌아가지 않고 있을 때 책사 이종성이 본국으로 도주하는 일까지 일어나 명나라 조정에서는 정사인 그를 부사로 강등시켰다. 그리고는 사신 양방형과 함께 왜국에 들여보냈다. 그러나 아무 소득도 없이 돌아왔고 왜장 고니시 유키나가와 가토 기요마사도 그 뒤를 따라 들어와 다시 해변에 진을 쳤다. 그러므로 명나라와 우리나라의 조정에서 비판이 많이 일었다. 심의경의 허물을 탓하고 심한 사람은 그가 왜적과 결탁해 배반을 하려고 한다고까지 말했다.

그 무렵 우리의 승려 유정은 서생포에서 가토 기요마사를 만나고 돌아와 이런 말을 했다.

"왜적이 명나라를 침범하려 한다고 말하는 것은 매우 이치에 맞지 않으니 곧바로 그 사유를 적어 명나라 조정에 알려야 될 것입니다."

이 말을 들은 모두가 매우 화를 냈다. 그러자 심유경은 자기에게 화가 닥칠 것을 미리 알아채고 걱정과 두려움으로 어찌할 바 몰랐다. 그 때문인지 김명원에게 다음과 같은 서신으로 일의 시말을 서술하여 자기가 한 행위를 변명하려고 애썼다.

세월이 빨라 지나간 일이 꼭 어제 일과도 같습니다. 돌이켜 보면 왜적이 귀국을 침략하고 짧은 시일에 평양에까지 닥쳤습니다. 그러니 그런 왜적의 눈에는 이미 조선팔도가 없었습니다. 나는 황제의 명을 받들어 왜적의 실상이 어떤지를 정탐하고 틈을 타 그들을 제어했던 것입니다. 귀화와 이원익 체찰사를 만난 것도 난리 중이었지만 그때 평양 서쪽 백성들은 이리저리 떠돌며 바늘방석에 앉은 꼴이었습니다. 아침에 일어나면 저녁때까지 살 수 있을지 몰라 불안해했으므로 나는 그것을 직접 보고는 참으로 가슴 아팠습니다. 물론 귀하께서도 직접 겪으신 일이니 내가 더 말하지 않아도 되겠지요.
나는 고니시 유키나가를 공문으로 불러내어 건복산에서 만나 그곳에서 서쪽으로 침범치 못하게끔 하는 약속까지 받아 냈습니다. 그리고 왜적은 감히 그 약속을 어기지 못하며 수개월이 지나는 동안 우리 명나라의 대군이 도착하여 평양에서 승리를 거두게 되었습니다. 만약 그때 내가 아니었다면 왜적은 조승훈 공이 패전한 시기를 놓치지 않고 의주까지 쳐들어갔겠지요. 이 평안도 하나만이라도 백성들이 심하게 해를 입지 않게 된 것은 참으로 귀하에게 다행한 일이 아닙니까?

얼마 뒤 왜장 고니시 유키나가는 한양으로 물러가 지켰고 총병이 거느린 이시다 미쓰나리, 구로다 나가마사 등 30여 명의 장수들이 군대를 합치고 진영을 긴밀하게 연결했습니다. 그러면서 험준한 지형을 이용해 수비를 하고 있으니 쳐부술 수가 없었던 것이며 벽제관 전투 이후로는 진군하여 더욱 왜적을 공략하기 어렵게 된 것입니다.

그때 이덕형 판서가 개성에서 나를 만나 말했습니다.

"왜적의 세력이 너무 강성해져 명나라 대군이 물러간다면 한양의 수복은 이제 희망조차 없게 되는 것입니다."

눈물을 흘리고 나서 다시 이었습니다.

"한양은 우리나라의 근본이 되는 땅입니다. 그러니 반드시 수복해야만 여러 도를 이끌어 단결할 수 있는데 지금 전세가 이런 지경이니 앞으로 어찌해야 할지 막막합니다."

내가 말했습니다.

"단지 한양만 수복된다면 수복되지 않은 한강 이남과 여러 도의 전세 또한 뜻대로 되기 어렵잖습니까?"

이덕형이 대답했습니다.

"사실 한양만 수복되는 것을 바라는 것이 아니라 전국이 그렇게 되어야 합니다. 그러나 한양만이라도 수복된다면 한강 이남 지역은 그 지방의 군사와 백성들이 자력으로 조금씩 그리고 천천히 수복하여 보전하기가 어렵지 않을 것입니다."

내가 다시 말했습니다.

"나는 사실 귀하의 나라를 귀하와 함께 도모하여 한양을 수복하고 그와 아울러 한강 이남의 여러 도, 여러 고을을 수복한 뒤 왕자와 그 수행 신하들을 돌려보내게끔 하겠소. 그래야만 나라가 바로서는 게 아니겠소."

이덕형은 내 말에 눈물을 흘리고는 고개를 떨구며 말했습니다.

"그렇게만 된다면야 공께서는 우리의 여러 지방 고을을 재생시키는 것이니 그 공덕은 결코 작지 않을 것입니다."

그 얼마 뒤 내가 배로 한강을 건너자 왕자 임해군 등이 가토 기요마사 진영에 있다가 인편으로 이렇게 전했습니다.

"만일 우리를 돌아가게만 해 준다면 한강 이남의 지역은 어느 곳이라도 내 맘대로 내줄 수 있소."

나는 그 말에 따르지 않았습니다. 그리고 왜장과 서약하기를 이렇듯 단호하게 했습니다.

'돌려보내려면 보내고 그렇지 않으면 너희들 맘대로 죽여 버릴 것이지 어째서 여러 말이 필요하냐?

그 왕자는 귀국의 왕세자요. 그런데 어찌 난들 신중해야 함을 모르겠습니까?'

그럼에도 차라리 죽이라고 한 것은 다른 조건이 그토록 중하다는 걸 알린 것입니다. 즉 다른 조건은 들어 줄 수가 없었습니다.

뒷날 왜적이 부산에 와서는 재물을 아끼지 않고 예를 다하여 여러 가지로 왕자를 극진하게 대했습니다. 그 일이 있기 전에는 소홀

했었으나 아주 딴판으로 달라진 것입니다.

어떤 일을 함에 있어 시간적인 기회는 늦춰야 할 때와 서둘러야 할 때가 있고 일에는 경중이 따로 있는 것이라 마지못해 그렇게 한 것입니다.

내가 한 말 서너 마디에 결국 한양에서 왜적이 물러가니 교통의 요충인 곳의 영책(營柵)과 남기고 간 군량이 헤아릴 수 없이 많았습니다. 그리고 한강 이남의 여러 곳도 수복이 되었습니다. 그뿐 아니라 왕자와 그의 수행 신하들도 돌아왔습니다.

마침내 봉공을 주겠다는 것 하나만으로 왜적의 여러 괴수들을 견제해 그들이 부산 바닷가의 불편한 곳에서 명령을 기다린 지 3년, 그들은 감히 함부로 행동치 못했습니다. 그리고 봉공의 의론이 이루어져 나는 황제의 명에 따라 분쟁을 조정, 전쟁을 끝내도록 한 것입니다.

다시금 한양에 와 귀하와 이덕형을 만나게 되어 물었습니다.

"이제 가서 왜국을 봉하게 되었으니 왜적이 물러간다면 귀국에서 뒷일의 처리 방법은 어떤 것입니까?"

이덕형이 대답했습니다.

"뒷일을 잘 처리하는 것은 우리 군신의 책임입니다. 그러니 너무 염려치 마십시오."

이런 대답에 나는 이덕형 판서를 능력과 식견이 있는 큰 인물로 여겨 기뻤습니다. 그러나 이제 와서 그 사실을 알아보았더니 그의 학문과 역량이 일치하지 않는 것 같아 매우 안타깝습니다. 물론 부산과 죽도의 진영이 즉시 철거되지 못한 것은 내 책임입니다. 그러나 기장·서생포 등의 여러 왜적은 영책과 군량을 태우고 물러갔습니다. 또 지방관에게 땅을 모두 돌려주라는 공문도 내려 보냈는데 가토 기요마사가 나오자 단 한 번도 싸워 보지 않고 지방관들이 땅을 왜적에게 양도하고 말았습니다. 그 까닭이 무엇입니까? 한강 이남의 땅을 자신들 스스로의 힘으로 조금씩 수복하여 지키겠다고 말해 놓고서 어찌 이처럼 이미 얻은 땅을 다시 잃어버린 것입니까? 또 '뒷일을 잘 처리하는 것은 군신의 책임이니 염려 말라' 해 놓고 그 계책을 내놓지도 않으면서 궁궐 밖에서 울기만 하는 것입니까?

병법에 '세력이 약하면 강한 세력을 당할 수 없으며 적은 인원으로 많은 인원을 대적할 수 없다'는 진리가 있습니다. 그러니 나는 귀국의 여러 당사자들에게 어려운 일을 책임 지우려는 생각은 없습니다. 다만 '정세가 완화되었을 때 그 근본을 다스리고 위급할 때는 보이는 것 모두를 다스린다'는 말에 따라 군사를 훈련시켜 수비에 치중했다가 때가 오면 왜적을 제압해야 하는 것입니다. 그런데 이 점을 귀국의 당사자 여러분이 등한히 하는 듯합니다.

나는 파견되어 온 뒤 귀국의 군왕을 네 차례나 만나 뵙고 서로 마음속에서 우러나는 얘기를 나누었습니다. 그 얘기들은 시의에 적합했을 뿐만 아니라 조금도 그릇됨이 없어 군왕과 내 마음은 서로 조금도 거리낌 없이 훤하게 통했습니다. 그랬으므로 크게 염려하지 않아도 되겠다고 여겨 왔는데 뜻하지 않게 귀국의 여러 대신들이 온갖 책략으로 이간질을 거듭합니다. 이는 우리 명나라 조정의 노여움을 들끓게 하는 것이며 다른 한편으로는 왜국에게 전쟁하자고 부추기는 것과 다르지 않습니다.

귀국의 승려 유정이 입 밖에 낸 얘기는 예절에도, 법도에도 어긋난 것입니다. 조선이 왜의 앞잡이가 되어 명나라를 치라고 한다느니 팔도(八道)를 할양하고 국왕이 친히 바다를 건너가 굴복하라고 왜국에서 말한다느니 하는 말을 잠깐 동안에 바꿔 가며 말했습니다. 그런 말은 국왕의 생각을 바꾸게 하고 또 명나라 조정을 격동시켜 군사를 동원케 하려는 것이긴 하겠습니다.

사실 귀국은 8도뿐인데 그것을 지키지 않고 넘겨주고 또 국왕이 직접 바다를 건너가 왜국에 굴복한다면 귀국의 종묘사직 그리고 모든 관리와 백성들은 왜국의 소유가 될 것입니다. 그런데 그것이 사실이었다고 한다면 어떻게 두 왕자를 돌려받을 수 있었겠습니까? 삼척동자라도 그런 실언은 하지 않을 것입니다. 또 왜장 가토 기요마사가 아무리 흉폭하다 해도 그처럼 방자한 행동은 하지 못했을 것입니다. 그리고 우리 대명제국이 주변 나라들을 거느리는 데에는 거기에 따른 대원칙이 있습니다. 은혜를 베풀 때에나 위엄을 부릴 때에도 다 때를 가려서 합니다. 수백 년 동안 유지해온 속국(우방)을 생각 밖으로 몰아내지 않으며 그런 우리 우방을 노략질하는 역적의 나라는 가만두지 않습니다. 이 모든 게 명확하지 않습니까?

나는 일을 잘 처리하지는 못하나 안과 밖, 가깝고 멂, 옳고 그름은 잘 알고 있습니다. 더구나 황제의 칙명을 받들어 행하는 일의 성패, 성공 여부, 평화와 전쟁의 문제를 어찌 소홀히 다루겠습니까? 또 어찌 귀국을 업신여겨 왜국의 횡포를 숨겨 통보하지 않을 수 있겠습니까?

귀하는 모든 일에 대해 깊이 이해하고 있는 데다 나라 일에 밝기 때문에 이렇게 서신을 보내는 것입니다. 그러니 귀하는 내 충심을 헤아려 국왕께 아뢰고 이 일에 관계되는 여러 대신에게도 모쪼록 잘 이해시켜 주십시오.

이미 얘기한 바와 같이 '우리 명나라 조정을 의뢰해 온갖 계획을 도모하고 마땅히 명령에 따라 모든 일을 처리함으로써 무궁한 발전을 기원한다'고 했으니 제발 그릇된 계책으로 날마다 헛수고를 하여 졸렬한 결과를 얻게 되는 일이 없도록 힘써 주십시오.

이 서신을 자세히 살펴보면 한양 수복 이전까지의 내용은 조리에 맞다고 할 수 있으나 왜적이 부산으로 물러간 이후부터는 얘기가 산만해져 있음은 물론 명확하지도 않다. 그러나 공과 죄는 아무리 애를 써도 뒤바뀌거나 가려지지 않는 법이다. 훗날 심유경을 평가하는 이들이라면 반드시 이 글을 기본으로 삼으려 할 것이어서 여기에 이 점을 밝혀 두는 것이다.

심유경은 유세(遊說)꾼이다. 평양성의 전투 이후에 두 번이나 적진으로 들어갔었다. 그 일은 모두가 꺼리는 일이다. 그는 마침내 군사가 아닌 변설(辯說)로써 많은 왜적을 몰아냈고 수천 리의 땅을 수복할 수 있게끔 했다. 그러나 맨 나중의 일 하나로 큰 벌을 받게 되었으니 슬픈 일이 아닐 수 없다.

고니시 유키나가는 심유경을 아주 신임했었다. 그렇기 때문에 그가 한양에 있을 때 심유경이 그에게 은밀하게 말했다.

"너희 군사가 오래도록 이곳에 머물며 돌아가지 않는다면 명나라 조정에서는 다시 대군을 동원, 서해를 통해 충청도로 상륙해 너희들이 돌아가는 길조차도 끊어 버릴 것이다. 그렇게 되면 물러가려고 하여도 그럴 수가 없게 된다. 나는 평양에서부터 너와 가깝게 되어 차마 이 점을 숨기고만 있을 수 없어 말해 주는 것이다."

심유경의 이 말 때문에 고니시 유키나가는 겁이 나 서울을 떠난 것이다.

이 일은 심유경이 우의정 김명원에게 직접 밝힌 것이며 김명원은 나에게 그대로 말했다.

(끝)

부록

유성룡은 왜 징비록을 썼는가

서애 유성룡(1542~1607)은 임진왜란(1592~1598) 당시 최고 관직을 지내면서 조정을 이끌었으며, 위기에 빠진 조선왕조를 재정비하기 위해 노력했던 조선 중기의 문신이다.

유성룡은 행주대첩을 승리로 이끈 권율과 바다에서 연이은 승리를 거두어 왜의 수군을 꼼짝 못하게 만들었던 이순신 등의 명장들을 등용했고, 이들은 임진왜란 중에 왜적을 크게 무찔러 패전을 거듭하던 조선군에게 큰 힘이 되었을 뿐 아니라 전세(戰勢)에도 많은 영향을 미쳤다.

일본의 침략 소문으로 전국이 뒤숭숭했던 1591년(선조 24) 국방의 정비가 시급하다고 생각했던 유성룡은 제승방략체제에서 진관체제로 국방체제를 바꿔야 한다고 주장했다.

제승방략은 전쟁이 일어나면 각 지방의 지방관이 배정된 지역까지 군사를 이끌고 가서 중앙에서 온 경장의 지휘를 받는 체제다. 이 제도는 최전방에 병력을 집중시킬 수 있다는 장점이 있지만 작전 지역에 집결한 병력이 중앙에서 파견되는 경장이 도착하기를 기다려 그 지휘를 받아야 하는 시간상의 문제점이 있었다. 또 최전방에 병력이 과도하게 집중되기 때문에 후방 지역의 방어는 취약해질 수밖에 없었다. 제승방략은 명종 10년(1555) 을묘왜란 때 임시로 실시한 것이 제도로 굳어진 것인데, 왜적과 여진족 등이 소규모의 노략질을 하던 시기에는 병력을 한곳에 모아 집중적으로 방어할 수 있는 장점이 있었지만 한 번 무너지면 더 이상 그 지역을 지킬 방법이 없었기 때문에 임진왜란과 같은 대규모의 전쟁에는 효과적이지 않은 국방체제였다.

진관체제는 조선 초에 정비되어 제승방략체제로 전환되기 전까지 이어진 것으로, 전국을 감사와 병사가 있는 주진과 첨절제사가 있는 거진, 고을 수령들이 관할하는 제진으로 나누어 국토를 방어하는 제도였다. 거진을 중심으로 몇 개의 제진을 묶은 것이 진관인데, 형식상으로는 도 안의 진관을 주진의 감사와 병사가 지휘하지만 실제로는 지방관의 책임 아래 각 진관을 스스로 지켰다. 따라서 어느 한 진관이 무너져도 다른 진관이 방어에 나설 수 있다는 장점이 있었다. 하지만 전운이 감돌던 당시에도 안일함에 젖어 있던 대신들은 진관체제로 전환하는 것이 시급하다는 유성룡의 제안을 받아들이지 않았다.

1592년 임진왜란이 일어나자 유성룡은 병조판서(조선 시대에 군사와 국방에 관한 일을 총괄했던 병조의 으뜸 벼슬)로서 도체찰사(지방에 군란이 있을 때 임금을 대신하여 그곳에 가서 일반 군무를 맡아보던 임시 벼슬)의 직책을 맡았다. 이어 영의정에 임명되어 왕의 피란길에 따라갔으나, 평양에 도착했을 때 나라를 그르쳤다는 반대파의 탄핵을 받고 파직되었다가 곧 다시 등용되었다.

왕명으로 명나라의 장수 임세록을 접대하고, 의주에서는 군사 모집 · 화포 제조 등을 건의했다. 평안도 도체찰사에 부임하여 명나라 장수 이여송과 함께 평양성을 되찾고 이듬해 호서 · 호남 · 영남의 3도 도체찰사에 올랐다. 이여송이 벽제관에서 크게 패한 뒤 일본군과 화의를 모색하자 강하게 반대했으며, 명과 일본 사이에 강화 교섭이 계속되는 중에도 훈련도감을 설치하여 군사를 양성하고 군비 확충에 힘썼다.

백성들이 안정돼 있어야 전쟁을 수행할 수 있다고 여겼던 유성룡은 민심을 수습하기 위해 임진왜란에 공을 세운 사람들에게 그 신분에 관계없이 파격적인 포상제 실시, 세금 경감, 문벌과 신분에 구애받지 않는 인재 등용과 같은 여러 정책들을 제안했다. 또한 백성들에게 큰 부담이 되었으며 폐단도 많았던 공물(중앙 관서와 궁중에서 필요한 것들을 여러 군현에 부과하여 상납하게 한 특산물)을 쌀로 대신 납부하게 하고, 소금을 구워 곡물로 바꾸거나 중강개시(中江開市)를 통해 중국의 곡물을 사들이는 방법으로 군량미를 확보할 것을 주장했다. 이것은 전쟁에 필요한 군량을 확보하기 위한 응급책이기도 했지만, 한편으로는 공물제(貢物制)의 폐단을 시정하려는 것이기도 했다.

유성룡은 1597년 이순신이 모함을 받아 탄핵되었을 때 이순신을 천거했다는 이유로 여러 차례 사직상소를 올렸으나 받아들여지지 않았다. 1598년에는 조선과 일본이 연합하여 명을 공격하려 한다는 명나라 정응태의 무고에 대해 명나라에 가서 해명하지 않는다는 이유로 탄핵을 받고 관작을 삭탈(벼슬과 품계를 빼앗고 벼슬아치의 명부에서 이름을 지우던 일)당했다. 1600년 관작이 회복되었으나 다시 벼슬을 하지 않고 은거하며 책을 저술했는데『징비록』은 바로 이때 집필한 것이다.

제목의 '징비(懲毖)'는 '내가 그 잘못을 뉘우치려 경계하여 나무[懲]라고 훗날의 환난이 없도록 삼가고 조심[毖]한다[予其懲而毖後患]'는『시경』의 구절에서 딴 것이다. 제목에서 볼 수 있듯이 유성룡은 임진왜란이 왜 일어났는지를 명확히 밝히고 이것을 교훈으로 삼아 다시는 그토록 참혹한 전쟁이 일어나지 않도록 조심하고 경계하게 하려는 뚜렷한 목적의식을 가지고 이 책을 집필했다. 그리고 임진왜란 전 기간 동안 국가의 중요 직책에 있으면서 몸소 경험한 것을 기초로 하여 전란의 대책을 세우는 가운데 얻은 사료와 지식들을 풍부하게 담았다.

16권 7책으로 되어 있는『징비록』은 현재 4종이 전해지고 있는데 저자 자신의 필사원본인『초본징비록』(국보 132호)과 16권으로 된『징비록』, 2권으로 된 간본(刊本), 필사본이 있다. 16권본에 따라 내용을 살펴보면 다음과 같다.

권1~2 전쟁의 원인과 상황을 약술한 것으로 전쟁 전 조선과 일본의 관계, 관군의 붕괴, 의병 봉기, 한산도대첩, 명군의 지원, 강화교섭, 종전(終戰)의 순으로 서술되어 있다.

권3~5 〈근포집〉이라는 편명으로 1592년부터 1596년까지 군국

정무에 관한 차(箚 : 신하가 임금에게 올리던 간단한 상소문)와 계(啓 : 관청이나 벼슬아치가 임금에게 올리는 말) 등의 문건을 수록했다.

권6~14 〈진사록〉이라는 편명으로 임진년(1592)과 계사년(1593) 두 해 동안의 장계(狀啓 : 왕명을 받고 지방에 나가 있는 신하가 자기 관하의 중요한 일을 왕에게 보고하던 일 또는 그런 문서)를 수록했다.

권15~16 〈군문등록〉〈녹후잡기〉이다. 〈군문등록〉에는 저자가 4도 도체찰사로 있었던 1595년부터 1598년 동안에 각 도의 관찰사 · 순찰사 · 병사 등에게 보냈던 문건과 자서(自敍 : 자기 자신에 관한 일을 서술한 글) · 자발(自跋 : 책의 끝부분에 대략적인 본문 내용이나 간행 경위에 관한 사항을 자신이 간략하게 적은 글)을 수록했는데, 군사훈련 · 지역방비 · 세금문제 · 식량조달 · 창고설치 등 국방과 정치 전반에 관한 포괄적인 내용이 담겨 있다. 책 마지막 부분의 〈녹후잡기〉는 당시의 일을 개괄적으로 논평한 것이다.

전란의 기록임에도 단순히 전쟁의 진행 과정만을 적은 것이 아니라 당시의 정치 · 경제 · 외교관계 등을 전체적으로 서술한, 가장 체계적이고 종합적인 임진왜란 관련 사료로서 그 가치를 인정받아 국보 132호로 지정되었다.

임진왜란은 왜 일어났는가

• 임진왜란 이전 조선과 중국, 일본의 상황

1592년 4월, 왜적 함선 700여 척이 부산포를 점령했다. 건국 이래 큰 전쟁 없이 지내왔던 조선군은 오랜 전쟁에 단련되어 있던 왜적들에게 순식간에 무너졌다. 손써 볼 도리도 없이 이틀 만에 부산진과 동래진이 함락되었으며 침략 20여 일 만에 왜적은 한양을 점령했다. 이로써 조선 8도를 쑥대밭으로 만든 참혹한 전쟁이 시작되었다. 임진왜란(壬辰倭亂)은 1592년(선조25, 임진壬辰)에 시작되어 1598년(선조 31)까지 7년 동안 이어졌다. 조선에 군사를 지원한 명나라와 강화 교섭을 하던 중에 도요토미 히데요시는 1597년(선조 30, 정유丁酉) 재침략을 명령하는데 이것을 따로 정유재란(丁酉再亂)이라고도 한다. 임진왜란을 기점으로 조선 시대를 전기와 후기로 나눌 정도로 이 전쟁은 정치·경제·문화, 일반 백성들의 생활과 언어 그리고 풍속에 이르기까지 거의 모든 부분에 엄청난 영향을 미쳤다.

조선, 중국, 일본은 14세기에 새 국가와 정권이 들어선 이후 2세기 동안 안정기를 누렸지만 16세기에 접어들어 명나라가 동요되고 주변 여러 민족들이 자주적으로 발전하려는 경향을 보이면서 동북아시아의 정세는 혼란 속에 빠져들게 된다.

1368년, 몽고족이 세운 원나라를 멸망시키고 한족의 지배를 회복한 명나라는 15세기 초 영락제(재위 1402~1424) 때 국력이 막강해졌으나 영락제가 죽은 후 급격히 쇠퇴하기 시작했다. 16세기경 환관(宦官)이 실권을 장악하며 정치가 극도로 문란해졌고, 지방의 새로운 세력들이 중앙 권력에 저항했다. 또한 각지에서는 농민봉기가 일어나고 종실 간의 반란도 잦았다.

1404년 일본의 요구에 따라 10년에 한 번씩 조공을 오도록 허락하면서 명과 일본은 조공 관계를 유지하고 있었다. 그리고 16세기 초반부터 일본 규슈 지방 상인들이 명나라 복건성 쪽 항구에 드나들면서 무역을 벌였다. 그런데 이 무렵 에스파냐와 포르투갈 상인들까지 절강성, 복건성 등지에 와서 무역 행위를 하자 명나라에서는 이들을 몰아내면서 일본 상인들까지 함께 쫓아냈다. 그래서 1547년부터는 일본의 조공선이 명나라에 들어갈 수 없었고 그 결과 일본 상인들의 후원을 받는 왜구의 해적 활동이 더욱 극심해졌다. 명나라는 북쪽으로는 몽골족의 침입을, 남쪽으로는 왜구의 침입을 받았으며 이러한 압력은 명나라의 쇠퇴를 가속화하는 요인이 됐다.

조선은 태조 이성계를 도와 개국을 주도했던 개국공신 그리고 세조의 집권을 도왔던 공신 집단과 그 후손들로 형성된 훈구파 세력과 더불어 개국(1392) 후 1세기 동안 왕조의 안정을 유지할 수 있었다. 하지만 정권이 안정됨에 따라 훈구파의 부패가 심해졌고, 이런 변화 속에서 성리학을 기반으로 하여 정치·사회 질서의 재정립을 강조하고 나선 사림(士林) 세력이 등장했다. 성종 대부터 서서히 중앙정계로 진출하던 사림과 정치의 실권을 지닌 훈구파 사이의 권력 투쟁이 격화되어 15세기 말부터 16세기 중엽에 이르는 반세기 동안 네 차례의 사화(무오사화, 갑자사화, 기묘사화, 을사사화)가 일어나면서 사림 세력은 큰 타격을 입었으며 정국은 큰 혼란을 겪게 되었다. 1567년 선조의 즉위를 전후하여 사림 정치가 확립되었지만, 그들이 바라는 혁신은 정파 정치의 양상으로 변질되었다. 또한 건국 후 2백 년간 큰 전란을 겪지 않은 조선은 문치(文治)를 국가 정책의 중심으로 삼아 국방을 소홀히 여겼으며 국방 제도도 형식화되어 제대로 지켜지지 않았다.

1392년 일본에서는 무로마치 막부의 3대 쇼군인 아시카가 요시미쓰가 남북조의 분열을 종식시키고 전국의 지배권을 장악했으나 15세기 중엽에 봉건영주에 대한 통제력이 약화되자 지방의 봉건영주들이 사분오열되면서 무로마치 막부가 몰락했다. 그 후 100여 년동안 군웅이 할거하는 센고쿠 시대(전국 시대)가 지속되었는데, 16세기 중엽에 오다 노부나가가 출현하여 경쟁 세력들을 굴복시키고 일본의 실질적 지배권을 장악했다. 일본은 16세기 전반에 상공업이 발달하였고 후반에는 권력을 잡은 오다 노부나가 정권이 전국 통일 전쟁 과정에서 상권과 국제무역권을 통일해 나갔다. 그리고 포르투갈인의 내항과 조총의 보급으로 총보병 부대를 중심으로 새 전투대형을 편성했다. 하지만 1582년 오다 노부나가가 아케치 미쓰히데에게 피살당하면서 일본의 실권은 전혀 예기치 않았던 인물인 도요토미 히데요시에게로 돌아갔다.

도요토미 히데요시는 도쿠가와 이에야스와 연합하여 1587년 전국을 통일했다. 하지만 도요토미 정권은 다이묘(각 지방의 영토를 다스리고 권력을 행사했던 유력자)들의 전폭적인 지지를 얻지 못했고 토지 소유에서 제외된 하급 무사들의 불만을 많이 샀다. 더욱이 명·조선과 무역이 거의 폐쇄되자, 정치적으로 강력한 다이묘들의 무력을 해외로 분출시켜 국내 상황을 안정시키고 국제교역상의 불리함을 타파하기 위해 중국 침입을 통한 체제변혁전쟁을 구상하게 되었다.

도요토미 히데요시는 여러 차례 조선에 통신사 파견을 요구했지만 조선에서는 이것을 받아들이지 않았다. 그러던 중 일본의 분위기가 심상치 않음을 느낀 조정에서 황윤길과 김성일의 통신사 일행을 보내 일본의 상황을 파악하게 했다. 통신사 편에 보내온 서신에서 도요토미 히데요시는 일본과 조선이 동맹을 맺고 명나라를 치자는 의도를 드러냈는데 조선에서는 이를 거절했고 이것을 빌미로 일본은 조선을 침략해 임진왜란을 일으켰다.

이 무렵의 일본군은 철포, 창, 궁시, 왜도 등 4가지의 개인 무기를 충분히 갖추고 있었으며, 또한 주종 간의 단결력이 강했을 뿐 아니라 개개인의 실전 경험이 풍부했기 때문에 전쟁에서 탁월한 전력을 발휘할 수가 있었다.

• 임진왜란 이후 조선과 중국, 일본의 상황

임진왜란을 계기로 일본과 여진족이 새로운 강자로 부상하고 명과 조선이 상대적으로 쇠약해져 17세기 이후 동북아시아의 질서는 새롭게 변화했다.

임진왜란으로 가장 큰 손실을 입은 것은 조선이었다. 조선은 전국이 전장으로 변해 엄청난 피해를 입었다. 수많은 사람들이 죽고 토지대장과 호적이 대부분 없어져 국가운영이 마비 상태에 빠졌으며 전쟁 전 170만 결에 달했던 토지결수도 54만여 결로 줄었는데 조선 초기에 비하면 3분의 1도 안 되는 면적이었다. 궁궐뿐 아니라 여러 건축물들이 소실됐고 역대 실록 등 귀중한 사서(史書)를 보관했던 사고(史庫)도 전주사고만 남고 모두 불탔으며 귀중한 많은 문화재들을 약탈당했다.

전쟁 중에 군량미를 조달하기 위해 납속책(국가의 재정을 확충하기 위해 곡물을 바치게 하고 그 대가로 상이나 벼슬을 주던 정책), 서얼 허통, 향리의 동반직 취임 허용, 병사의 면역, 노비의 방량(노비를 놓아 주어 양인이 되게 함) 등이 일부 허용됨에 따라 신분질서가 동요하기 시작했으며 백성들의 생활은 처참하여 각지에 도적이 들끓고 민란이 일어났다.

집권 세력의 내부 분열은 더욱 심해졌고 백성들이 더 이상 그들을 신뢰하지 않아 이들은 기존 질서를 더욱 강화시킬 필요성을 절실히 느꼈다. 이에 따라 주자학 이념의 교조화가 더욱 심해지고 집권 세력 안에서도 비판을 용인하지 않는 경직된 풍토가 나타났다. 그리고 군사를 지원한 명나라에 대한 존화의식이 강화되었다.

일본에서는 도요토미 정권이 붕괴하고 도쿠가와 막부 정권이 등장했다. 전쟁 중 조선에서 약탈해간 활자·그림·서적, 포로로 데려간 우수한 활자 인쇄공을 통해 성리학을 비롯한 여러 학문과 인쇄문화를 발전시켰다. 특히 조선에서 데려간 도자기 기술자에 의해 일본의 도자기 문화가 크게 발달했다.

명나라는 전쟁으로 국력이 많이 소모되어 재정적으로 큰 압박을 받았으며 이로 인해 농민들의 봉기와 지방의 봉건군벌들의 반란이 잇달아 일어났다. 명의 세력이 약해진 것을 계기로 만주에서는 누르하치가 여진족을 통일한 뒤 1616년 칸에 즉위하여 후금(後金)을 세워 명·청 교체의 기틀을 만들었다.

• 연표로 보는 임진왜란

1590년(선조 23)

3월　왜국의 정세를 파악하기 위해 상사 황윤길, 부사 김성일의 통신사 일행이 왜국으로 떠나다.

1591년(선조 24)

1월　통신사 일행이 왜국 사신 야나가와 시게노부, 겐소 등과 함께 돌아오다.

2월　이순신이 전라좌도 수군절도사로 임명되다.

1592년(선조 25)

2월　신립과 이일을 파견하여 지방의 군비를 순시하게 하다.

4월　임진왜란이 일어나다(13일). 왜군의 병선 700여 척이 침략해 부산포를 함락시키다.
　　　동래진이 함락되어 부사 송상현이 전사하다(15일).
　　　이일이 상주에서 패전하다.
　　　신립이 충주 탄금대에서 패전하여 자살하다.
　　　충주에서 신립이 패전했다는 소식이 한양에 알려지자 선조께서 한양을 떠나 개성으로 향하다.

5월　왜군이 한강을 건너 한양에 침입하자 선조께서 평양으로 향하다.
　　　신각이 양주 해유령에서 왜군을 격파하다.
　　　한응인·김명원의 군대가 임진강에서 패전하다.
　　　이순신이 원균과 함께 사천에서 왜적의 수군 13척을 불태우다.

6월　왜적이 대동강에 이르자 선조께서 평양성을 떠나 영변으로 향하다.
　　　평양성이 함락되다.
　　　명나라 참장 대모와 유격장군 사유 등이 의주에 이르다.
　　　선조께서 의주에 이르다.

7월　이순신이 한산도에서 대승을 거두다.
　　　이정란이 전주성을 지켜 왜군을 물리치다.
　　　임해군과 순화군 두 왕자가 왜적에게 사로잡히다.
　　　권응수·정대임 등이 영천을 수복하다.
　　　김천일, 고경명, 최경회, 이봉, 곽재우, 홍계남 등이 의병을 일으키다. 여러 도에서 일어난 의병들이
　　　왜적을 물리쳤으며 승려 유정이 승군을 조직하다.

명나라의 사신 심유경이 평양에서 고니시 유키나가와 회담하다.

9월 박진이 비격진천뢰로 경주성을 수복하다.

10월 김시민 등이 진주성에서 왜군을 격퇴하다.

12월 명나라 제독 이여송이 명군을 거느리고 압록강을 건너 남하하다.

1593년(선조 26)

1월 조선군과 명군이 평양성을 포위 공격하다.
     왜적이 평양에서 패퇴하여 남쪽으로 도주하다.
     왜적이 한양에 총집결하다. 평양성의 패전을 앙갚음하기 위해 백성들을 닥치는 대로 잡아 죽이고 관
     청과 가옥들을 불태우다.

2월 권율 등이 행주산성의 왜군을 크게 무찌르다.

4월 심유경이 용산에서 고니시 유키나가와 회담하다.
     명나라 부대가 한양에 입성해 한양을 수복하고 왜군이 한양에서 나와 남쪽으로 퇴거하다.

5월 명나라 사신이 왜국에 들어가 도요토미 히데요시를 만나다.

6월 진주성이 왜적에게 함락되고 성수경·김천일·최경회·황진·고종후 등이 전사하다.

7월 왜군이 부산·웅천·김해 등에 나누어 주둔하다.
     임해군과 순화군이 석방되다.

8월 이순신이 삼도수군통제사가 되다. 이 무렵 왜군이 잇달아 본국으로 돌아가다.

10월 선조께서 도성으로 환궁하다.

1594년(선조 27)

2월 훈련도감을 설치하다.

11월 김응서가 고니시 유키나가와 만나 강화를 논의하다.

1596년(선조 29)

1월 심유경이 고니시 유키나가와 함께 왜국으로 건너가다.
     고니시 유키나가가 다시 부산으로 돌아오다. 왜적이 서생포·죽도 등의 진영을 철수시키다.

8월 통신사 황신 일행이 왜국에 갔다 오다.

1597년(선조 30)

1월   도요토미 히데요시가 다시 침략을 명령하여 정유재란이 일어나다.
      이순신이 하옥되고, 원균이 경상우수사 겸 통제사가 되다.

7월   원균이 칠천도에서 크게 패전해 전사하다.
      이순신이 삼도수군통제사로 다시 기용되다.

8월   남원성이 함락되고 이복남 · 임현 · 이춘원 · 김경로 · 명나라 장수 정기원 등이 전사하다.

9월   이순신이 명량해전에서 왜의 수군을 크게 격파하다.

12월 명나라 장수 양호와 마귀 등이 울산의 왜군을 포위하다.

1598년(선조 31)

1월   명나라 군대가 울산성을 총공격했으나 패전하다.

8월   조선에 출병한 병력의 철수 명령을 남기고 도요토미 히데요시가 죽다.

11월 울산 · 사천 · 순천의 왜군이 철수하다.
      이순신이 명나라 수군과 협동하여 순천에 있던 고니시 유키나가의 퇴로를 차단하다.
      이순신이 노량해전에서 왜의 수군을 크게 격파한 후 전사하다.
      모든 왜군이 철수하여 왜란이 끝나다.

• 서애 유성룡 연보

1542년(중종 37)

10월 황해도 관찰사 유중영의 둘째 아들로 태어나다.

1562년(명종 17) 21세

퇴계 이황 선생에게 「근사록(近思錄)」을 수업받다.

1566년(명종 21) 25세

문과에 급제하여 승정원 권지부정자로 임명되다.

1591년(선조 24) 50세

2월   좌의정에 오르고 이조판서를 겸무하다.

조정의 반대를 물리치고 왜국이 침공할 조짐을 명나라에 보고하도록 하다.

7월   왜란에 대비해서 정읍 현감 이순신을 전라도 좌수사로, 형조정랑 권율을 의주 목사로 임명하게 하다.
제승방략체제에서 진관체제로 국방체제를 바꾸도록 건의했으나 실현되지 못하다.

1592년(선조 25) 51세

4월   임진왜란이 일어나다. 좌의정으로서 특명으로 병조판서를 겸임하고 도체찰사로 임명되다. 광해군을
왕세자로 책봉하고 왕자들을 각 도에 파견하여 근왕병을 소집하도록 임금께 청하다.

5월   왜병의 도성 침입이 임박하자, 왕을 모시고 개성에 이르러 영의정으로 임명되었으나 일부의 모함으
로 그날로 파직되다.
동파역에서 "사태가 위급하면 국경을 넘어 명나라로 가자"는 조정 공론을 "나라를 버리는 계책이다"
라고 강하게 반대하다.

6월   풍원 부원군으로 다시 서용되다.
평양을 고수하자고 주장했으나 임금의 허락을 얻지 못했으며, 함경도로 가자는 공론에 반대하여 의
주로 파천하도록 하다.

1593년(선조 26) 52세

1월   명군과 협력하여 평양성을 수복하다.
호남에서 운송되어 온 곡식으로 백성들을 구제하도록 임금께 건의하고 그것을 시행하다.

3월   충청 · 전라 · 경상 3도 도체찰사로 임명되다.

4월   왜와 강화 교섭하려는 이여송에게 항의했으나 명군이 일방적으로 정전(停戰)하여 왜군이 철수하자
명군과 함께 한양을 수복하다.
왜군을 추격하자는 유성룡의 주장을 이여송이 달가워하지 않아 "명나라를 믿을 수 없으니 자주적으
로 국방력을 강화하자"고 건의하여 훈련도감을 임시로 설치하고 장정(壯丁)을 모집했으며, 조총과 대
포 등을 증강하다.

8월   압록강 연안의 중강에서 소금 · 철 · 은 · 면포 등과 중국의 양곡을 교역하게 해서 식량을 확보하다.

10월 다시 영의정에 임명되었으며, 훈련도감 도제조를 맡다.

11월 조선을 더 이상 구원할 뜻이 없는 명나라가 사신 사헌을 파견하다. 명나라가 왜군을 물리쳐 주기만을
바라는 선조를 퇴위하도록 하고, 우리 국토의 직접 통치를 강요하는 국서를 보내왔으나, 유성룡이 반

대해 물리치다.

1594년(선조 27) 53세

3월   진관법을 다시 쓰기로 하여 국민군 제도를 확립시키다.

공물(貢物)을 쌀로 대신하여 바치게 하고, 소금을 증산해서 이를 전매제(轉賣制)로 하여 군량미를 확보하다. 민심을 안정시키는 것이 국가의 어려움을 수습하는 기본임을 주장하여 국민들의 생활을 돌보는 안집도감(安集都監)을 설치하고 도제조로 임명되다.

1595년(선조 28) 54세

11월 관영에 제철장을 설치하여 대포와 조총을 제조하게 하다. 남한산성을 순시하고 승장 사명대사(유정)에게 성을 쌓고 창고를 설치하도록 지시하다.

1596년(선조 29) 55세

1월   군병을 훈련하는 규칙을 제정하여 각 도에 반포하다.

9월   이순신에게 죄를 주자는 의견에 반대하여 사직 상소를 올리다.

11월 왜적이 다시 침략해 올 것을 대비하게 하다.

1597년(선조 30) 56세

3월   이순신이 모함으로 파면되자 그 부당함을 강하게 주장했으며 이순신을 천거한 책임을 지고 여러 차례 사직 상소를 올렸으나 받아들여지지 않다.

10월 왕명으로 경기·충청 지방을 순시하여 민심을 안정시키고, 장수들의 공과(功過)를 살피다.

1598년(선조 31) 57세

11월 북인들의 탄핵으로 영의정을 파직당했으며, 이날 이순신이 전사하다.

12월 모든 관작을 삭탈당하다.

1599년(선조 32) 58세

2월   고향(하회)으로 돌아오다.

1600년(선조 33) 59세

11월 직첩(職牒)을 되돌려받다.

1604년(선조 37) 63세

7월 『징비록』저술을 마치다.
다시 풍원부원군으로 서용되고 호성공신(扈聖功臣)이 되다.

1607년(선조 40) 66세

5월 향리 농환재 초당에서 별세하다.
백성들이 선생의 옛 집터에 모여 통곡하고 조정에서는 사흘 동안 공휴(公休)를 선포하고 상민들은 자
진하여 나흘 동안 철시(撤市)하다.
풍산현 수동의 남향 땅에 예장하다.

1614년(광해군 6)

병산서원에 선생의 위패를 봉안하다.

1627년(인조 5)

문충(文忠)이라는 시호(諡號)가 내려지다.